W0084568

Dr. med. Daniel Dufour

Die Heilkraft innerer Krisen

Emotionen annehmen, ausleben – und heilen

Aus dem Französischen von
Susanne Engelhardt

Haben Sie Fragen an Dr. Daniel Dufour bzw.
an sein Team? Anregungen zum Buch?
Erfahrungen, die Sie mit anderen teilen möchten?

Nutzen Sie unser Internetforum:
www.mankau-verlag.de/forum

Bibliografische Information der Deutschen Nationalbibliothek

Die Deutsche Nationalbibliothek verzeichnet diese Publikation in der Deutschen National-
bibliografie; detaillierte bibliografische Daten sind im Internet über http://dnb.d-nb.de abrufbar.

Dr. med. Daniel Dufour
Die Heilkraft innerer Krisen
Emotionen annehmen, ausleben – und heilen
ISBN 978-3-86374-103-7
1. Aufl. 2013

Mankau Verlag GmbH
Postfach 13 22, D - 82413 Murnau a. Staffelsee
Im Netz: www.mankau-verlag.de
Internetforum: www.mankau-verlag.de/forum

Übersetzung aus dem Französischen: Susanne Engelhardt, München
Lektorat: Dr. Thomas Rosky, München
Endkorrektorat: Dr. Thomas Wolf, MetaLexis
Gestaltung Umschlag: Andrea Barth, Guter Punkt GmbH & Co. KG, München
Gestaltung Innenteil: Heike Brückner, Grafikstudio Art und Weise, Regensburg
Druck: Westermann Druck Zwickau GmbH, Zwickau/ Sachsen

Die Originalausgabe erschien unter dem Titel
»Les tremblements intérieurs«.

© 2003, Les Editions de l'Homme, division du Groupe Sogides Inc.,
filiale de Quebecor Media Inc. (Montreal, Québec, Kanada)

Alle Rechte der deutschsprachigen Ausgabe:
© 2012, Mankau Verlag GmbH, Murnau

»Ich bin ein Öko-Buch!«
Das im Innenteil eingesetzte EnviroTop-Recylingpapier wird ohne zusätzliche Bleiche, ohne
optische Aufheller und ohne Strichauftrag produziert. Es besteht zu 100 % aus recyceltem Alt-
papier und entstammt einer CO_2-neutralen Produktion. Das Papier trägt das Umweltzeichen
»Der blaue Engel«.

Wichtiger Hinweis:
Der Autor hat bei der Erstellung dieses Buches Informationen und Ratschläge mit Sorgfalt
recherchiert und geprüft, dennoch erfolgen alle Angaben ohne Gewähr; Verlag und Autor
können keinerlei Haftung für etwaige Schäden oder Nachteile übernehmen, die sich aus der
praktischen Umsetzung der in diesem Buch dargestellten Inhalte ergeben. Bitte respektieren
Sie die Grenzen der Selbstbehandlung und suchen Sie bei Erkrankungen einen erfahrenen
Arzt oder Psychotherapeuten auf.

Inhaltsverzeichnis

*Die für unseren Gesundheitszustand wesentlichen Faktoren
sind demzufolge unsere – bewussten oder unbewussten –
Intentionen und wie wir sie in unseren Gedanken, Gefühlen und
Taten ausdrücken. Jedes körperliche Problem ist
nichts weiter als ein Symptom der eigentlichen Krankheit,
die in unserem Bewusstsein wurzelt.[1]*

Barbara Ann Brennan

Vorwort

Ziel dieses Buches ist die Weitergabe der Idee, dass der Mensch schön und gut ist, dass er zu einem Leben bei guter Gesundheit fähig ist und folglich auch gesund sterben kann. Apropos: Wenn nicht andere Autoren es vor mir getan hätten – ich hätte diesem Buch den Titel »Gesund sterben« gegeben! Der Mensch ist einzigartig, und deshalb muss er respektiert werden. Niemand sollte sich herausnehmen, ihn in Schubladen zu stecken, ihn wie eine Maschine zu behandeln oder ihn in der Anonymität der Statistiken einzusperren!

Ich wollte dieses Buch für meine Töchter schreiben, Marie und Cécile, für meinen Sohn Laurent, für meine Nichten und Neffen – ja, für alle Jugendlichen, die den kreativen Kern des neuen Jahrhunderts bilden. Dieser Kern ist so wichtig für die Zukunft der Zivilisation!

Das 20. Jahrhundert war geprägt davon, wie die Wissenschaft mit all ihren fantastischen und wahrlich nützlichen Erfindungen, ihren Fortschritten auf verschiedenen Gebieten – auch in der Medizin – die Werte der westlichen Gesellschaften geprägt hat. Echte Wissenschaftler haben die Aufgabe, zu zweifeln sowie alle Errungenschaften und alles Wissen zu hinterfragen. Sie sind ständig auf der Suche nach der Wahrheit und bringen die Welt weiter, indem sie Wissen schaffen. Gleichzeitig leben Sie mit der Erkenntnis, dass dieses Wissen nicht starr ist, sondern sich weiterentwickelt.

Leider zweifelt so mancher Wissenschaftler nicht mehr und wirft stattdessen mit seinen Wahrheiten nur so um sich, während die dominierende und intolerante Wissenschaft in den Fachkreisen weiter den Ton angibt. Diese Gelehrten haben oft eine erdrückende Macht über die Forschung. Ihre Macht lebt von Unwahrheiten, die sie weiterverbreiten, obwohl solche Unwahrheiten ihren fehlenden Glauben an den Menschen verraten. Diese Art Wissenschaftler hat der Menschheit viel Schaden zugefügt. Sie halten noch immer die Zügel in Händen und werden dabei immer intoleranter, denn insgeheim merken sie sehr wohl, dass sie an Boden verlieren und dass sie wegen der jungen Menschen, an die ich mich hier genau wie an viele andere wende, der Menschheit ihr angebliches Wissen bald nicht mehr aufzwingen können. Das 21. Jahrhundert steckt voller Hoffnung, und ich wünsche mir sehnlichst, es möge sich um ein neues Zeitalter der Aufklärung handeln, um das Jahrhundert, in dem das Wertvollste wiederentdeckt wird, was wir Menschen besitzen: das wahre Wissen, das aus dem Herzen und aus dem Geist kommt. Ohne dieses Wissen kann man den Menschen getrost zu den Gegenständen zählen, zu den Maschinen, zu einem mehr oder weniger unzulänglichen Räderwerk. Der Mensch ist alles, aber nicht das!

Ich hoffe, dass dieser Lobgesang auf die Liebe bei allen, die ihn hören, auf große Resonanz trifft. Ich hoffe, dass sich die wahren Dimensionen des Menschen dabei herauskristallisieren und dass Sie endlich an sich glauben können, an diese inneren Kräfte, die Ihr Leben bestimmen und natürlich auch Ihre Gesundheit. Aber der Gesundheitszustand Ihrer Zellaktivität (die von der Wissenschaft des 20. Jahrhunderts ja so gut untersucht wurde) ist nur die Spitze des Eisbergs. Die Gesundheit, von der in diesem Buch die Rede sein wird und die manche als »spirituelle« oder »Quantengesundheit« bezeichnen, ist für diese Wissenschaft nicht sichtbar, nicht spürbar und nicht zugänglich. Es geht dabei um den Glauben an die eigenen Fähigkeiten und die eigenen Kräfte. Und die Liebe ist die einzige Quelle für diesen Glauben. Niemand kann wirklich lieben, der sich nicht auch selbst liebt! Wir müssen uns vor allem selbst lieben, denn wie sollten wir sonst wahre und uneigennützige Liebe empfinden?

Diese wichtige Erkenntnis, die erst einmal banal und widersprüchlich zu sein scheint, ist das Fundament echter Gesundheit. Wenn man diesen Gesundheitsbegriff erst einmal verstanden hat, wird er unsere Wahrnehmung verändern. Unsere punktuelle Wahrnehmung verwandelt sich in eine globale Vision, und man versteht, dass das Fehlen oder Auftreten von Krankheiten der sichtbare Ausdruck inneren Wohlergehens oder Unwohlseins ist. Dieses Buch wird das beweisen.

Der Tod macht all jenen Angst, die nicht wirklich an den Menschen glauben, denn für sie bedeutet er das Ende. Dabei ist der Tod in Wahrheit eine Verwandlung und ein Übergang und sollte auch so gesehen werden.

Leben bei guter Gesundheit bedeutet »sein«. Der Tod bedeutet, in einen neuen Zustand des »Seins« überzugehen. Eine Krankheit ist gewissermaßen eine Freundin, die uns eine eindeutige Nachricht schickt: »Du bist nicht mehr so, wie du sein solltest«, »Du hast dich in den falschen Daseinszustand verirrt«.

All das wirkt einfach, ganz einfach. Dass es so einfach sein soll, mag den Fachleuten verdächtig und höchst zweifelhaft vorkommen, aber wenn Sie ganz tief in Ihrem Inneren suchen, werden Sie erkennen, dass Sie diese Wahrheit und alle, die wir noch darlegen werden, bereits immer gekannt haben. Also sprechen Sie sie aus, leben Sie sie, und das neue Jahrhundert wird es ebenfalls tun!

Einleitung

Gesundheit und Krankheit sind berechtigte Anliegen, und man erwartet von einem Arzt, dass er präzise auf damit verbundene Fragen antwortet. Doch der Patient erwartet vom Arzt ebenfalls, dass er zugibt, nicht auf alles eine Antwort zu haben. Niemand, natürlich auch ich nicht, hat bisher den Schlüssel entdeckt oder wird ihn entdecken, der uns allen erlaubt, nicht krank zu werden. Ganz einfach deshalb, weil es diesen Schlüssel, dieses Rezept, diesen Zauberstab nicht gibt!

Das Niedermachen interessiert mich nicht, genauso wenig wie die kleinlichen Streitereien, in denen die Öffentlichkeit sich verliert, die aber meist nur dazu dienen, so manchen in seiner Machtposition zu bestätigen. Dabei wäre es Zeit aufzuhören, zu glauben oder andere glauben machen zu wollen, es gäbe den Stein der Weisen, Medikamente, die alles können, oder Wunderpflanzen... Wenn es auch kein Rezept gibt, so gibt es doch eine Regel, eine sehr ermutigende Aussicht, eine Art Ethik: Es gilt zu verstehen, wie der Mensch in seiner Ganzheit funktioniert, also körperlich und geistig, und warum er gesund oder krank ist.

Stellen wir uns naive, ja grundsätzliche Fragen, auf die man anders als mit Fragezeichen oder Pseudo-Überzeugungen antworten sollte: Warum ist oder wird man krank? Warum genesen bei gleicher Behandlung die einen, aber die anderen nicht? Warum ist man anfällig für Mikroben oder Viren, und vor allem: Warum schaden sie uns meist nicht, wo wir doch quasi in Symbiose mit Millionen von ihnen leben? »Das ist nicht die Frage!«, sagt die Medizin dazu. »Fragen Sie lieber, wie Mikroben und andere Krankheitserreger auf einen gesunden Körper wirken, und Sie werden erkennen, dass all das kein Hexenwerk ist.«

Die ärztlichen Fachkreise können die Mechanismen einer Krankheit bestens erklären. Sie sind unendlich komplex, und die Medizin des 20. Jahrhunderts hat viel Zeit und Geld darauf verwendet, sie zu entdecken, zu beschreiben und zu erklären. Um den großen Arbeitsaufwand der Forschung zu dokumentieren, gibt es schließlich Statistiken... Aber gibt man damit eine Antwort auf die wesentlichen Fragen? Sollte man diesen Weg einschlagen, um gesund zu bleiben oder gesund zu werden? Es ist der Ärzteschaft nicht gelungen, die Gründe zu erklären, aufgrund deren die Krankheitserreger tatsächlich wirksam werden. Ebensowenig konnte sie beantworten, warum es bisher nicht möglich war, sie unter Kontrolle zu bringen. Die Wissenslücken sind offensichtlich. Und die Erfahrungen im Praxisalltag widersprechen auch zu oft der offiziellen Meinung, um Letztere nicht doch in Frage zu stellen.

Zu betonen, dass die Medizin in einer Krise steckt, ist sicher nicht besonders originell, denn das massenhafte Aufkommen von Heilmethoden am Rande der gängigen Schulmedizin zeugt deutlich genug davon. Warum aber stoßen diese Praktiken in der Öffentlichkeit auf ein so großes Echo? Weil die Schulmedizin ihre Patienten zu oft enttäuscht hat. Wer effektive Hilfe bekommt, ist zufrieden, denn jeder Patient will vor allem eines: nicht mehr leiden müssen. Wenn er aber andernorts weitersucht, ist der Grund dafür einfach: Dann haben ihn die Behandlung oder das verschriebene Medikament nicht wirklich geheilt. Wenn sich ein Patient endgültig Praktiken anvertraut, die als randständig gelten, dann deshalb, weil sie ihm bringen, was er erwartet.

Ich glaube nicht, dass die Gesundheit eines Tages gänzlich vom menschlichen Gehirn kontrolliert werden kann, auch nicht von einem wissenschaftlichen! Eine Theorie über Gesundheit und Krankheit aufzustellen, befriedigt sicher den Intellekt, verhilft den Kranken aber kaum zur Heilung. Allzu oft begeht die Medizin den Fehler, alles systematisieren und Theorien verallgemeinern zu wollen, und das geht zulasten der Einzigartigkeit eines jeden Individuums. Das gilt umso mehr, als der gemeinsame Nenner dieser Theorien – was ironischerweise die einzige medizinische Wahrheit darstellt – eben der ist, dass genau diese Theorien sich widersprechen! »Ich weiß, dass ich nichts weiß«, berichtete schon Platon, der Sokrates-Schüler.

Kapitel 1
Die Botschaften unseres Körpers

Der Körper gleicht einem Fluss und nicht einer festen Struktur oder einer versteinerten Form. Er wirkt so, aber in Wahrheit wandelt er sich ständig. Der Austausch eines Zellkerns mit seiner Umgebung ist immerwährend, und deshalb wird unsere Haut alle fünf Wochen und unser Skelett alle drei Monate ausgewechselt. So werden jedes Jahr 98 von 100 Atomen unseres Körpers erneuert! Das Bild, das man sich gewöhnlich vom Körper macht, besteht aus einer Abfolge von Bildern, die im gegenwärtigen Moment reell sind, im darauffolgenden – der übrigens zum nächsten gegenwärtigen Moment wird – aber bereits illusorisch. Das Leben setzt sich aus einer Abfolge gegenwärtiger Momente zusammen, die sich einer an den anderen fügen und so das Gerüst des Lebens bilden.

Was macht die Schulmedizin aus dieser wissenschaftlichen Realität? Sie präsentiert den Patienten auch weiterhin starre und trostlose Modelle, obwohl in Wahrheit keine Krankheit unentrinnbar und endgültig ist. Sie arbeitet weiter auf der Basis von Argumenten, die das Fließende und die ständige Evolution alles Lebendigen nicht miteinbeziehen. Alles in allem berücksichtigt sie die wissenschaftliche Realität nicht, obwohl sie doch für sich beansprucht, ein Monopol darauf zu haben!

Die ständige Entwicklung des Körpers führt zu mancherlei Fragen: Was ist der Motor, was ist die Kraft hinter dem Ursprung des Lebens? Und wie kann man diese Kraft definieren und miteinbeziehen, wenn man ein Plädoyer für das Leben, die Gesundheit und die Medizin halten will? Die abendländische Wissenschaft hat das Phänomen des Lebens genauestens beschrieben. Sie hat es mit wissenschaftlicher Gründlichkeit erforscht und zerpflückt, sich dabei aber auf eine rein beschreibende Haltung beschränkt. Aus diesem Ansatz ergibt sich keine Antwort, und wenn man weitergehen will, muss man sich genauer mit der Theorie über die Energie auseinandersetzen, die Einstein zu Beginn des 20. Jahrhunderts so brillant formuliert hat. Dabei wird man entdecken, dass diese Energie regelmäßig oder unregelmäßig vibrieren kann und dass sie machtlos oder machtvoll und nützlich sein kann, denn man muss einen anderen Motor berücksichtigen, der eine viel bedeutendere Qualität besitzt: die Liebe.

Der gesunde Körper

Hinter diesen scheinbar so banalen Aussagen verbirgt sich eine komplexe Wirklichkeit. Gesund zu sein, kommt uns allen selbstverständlich vor, denn die meisten Menschen kommen mit einem gesunden Körper zur Welt. Das ist der natürliche Zustand des Menschen, und wir müssen nicht darum kämpfen, gesund zu bleiben. Wenn er aber krank wird, muss der Mensch für sich und seine Genesung kämpfen. Dieser Punkt ist ganz wesentlich. Denn in den westlichen Gesellschaften hat die Schulmedizin die Art des Kampfes verkehrt. Man kämpft »gegen« etwas und nicht »für« etwas. Man kämpft gegen die Symptome an, gegen die Krankheit, gegen den Verdruss usw. Man kämpft nie für sich, immer gegen sich. Bei dieser Dichotomie handelt es sich keineswegs um semantische Haarspalterei, sondern um die traurige Wirklichkeit.

Ich pflege zu sagen, dass die Friedhöfe voller Leute sind, die »gegen« etwas gekämpft haben. »Gegen« etwas zu kämpfen ist auch mit einem großen Energieaufwand verbunden. Es bedeutet, dass man seine Kräfte und seine Zeit dazu nutzt, der Krankheit ein Gefecht zu liefern: Man setzt einen Großteil seiner Mittel folglich dazu ein, den Gegner »abzutöten« oder »niederzuringen«, also die Krankheit oder deren Symptome. Zum Glück kämpfen aber in der Welt der Lebenden auch viele für sich selbst und ihr Wohlergehen. Warum ist auch das so wichtig?

Nehmen wir ein Beispiel. Jemand leidet an einer Krankheit und möchte geheilt werden. Er sucht einen Arzt auf, der ihm Medikamente verschreibt, »um ihm beim Kampf gegen die Krankheit zu helfen«: Diese Medikamente tragen oft das Präfix »Anti« im Namen. Der Patient setzt all seine Kraft ein, um gegen die Symptome der Krankheit anzukämpfen, und – so hoffen wir – mithilfe dieser Medikamente und anderer Mittel von seinen Symptomen geheilt zu werden. Er triumphiert über seine Krankheit und ist sehr stolz darauf, denn er hat »gesiegt«, meint er ... Aber wo steht der Patient während dieser kurzen Schlacht? Im Zentrum oder am Rande? Ist er der Mittelpunkt oder nicht? Was nützt es, gegen ein Leiden anzukämpfen, das man selbst hervorgebracht hat? Der Kranke, der diese Haltung eingenommen hat, die leider durch das Krankheitsverständnis westlicher Mediziner und Pharmakologen legitimiert ist, wird ermutigt, den gleichen Fehler bei seiner nächsten Erkrankung zu wiederholen, und früher oder später wird er, weil dieses Spielchen ihn ermüdet, die »Schlacht« verlieren.

Bedeutet das dann etwa, dass der Patient sich plötzlich angesichts der Schwierigkeiten in seinem Leben ohne jede Hilfe wiederfindet oder dass sein Alter ihm irgendwann nicht mehr gestattet, mit der gleichen Effizienz wie früher zu kämpfen? Handelt es sich um das Brandzeichen des Alterns und des Verfalls, dem wir alle irgendwann anheimfallen werden? Liegt hier DER Beweis für unsere große Schwäche angesichts der »Wechselfälle des Lebens« oder für eine wie auch immer geartete Zwangsläufigkeit, der wir unterliegen und deren Opfer wir folglich sind? Die Antwort auf all diese Fragen heißt »nein«!

Stellen wir uns einfach vor, wir kämpften für uns selbst statt gegen ein Symptom oder eine Krankheit, für die, die wir sind, damit wir nicht nur gesund bleiben, sondern auch glücklich sind und uns wohlfühlen in unserer Haut. Stellen wir uns vor, dass unser Körper versucht, uns mithilfe dieser Symptome oder dieser Krankheit ein Signal zu senden, statt uns eine Lehre zu erteilen oder uns zu bestrafen. Stellen wir uns vor, dass dieser Körper nicht unser Feind, sondern unser Freund ist, und zwar der beste und der treueste. Stellen wir uns vor, dass dieser Körper ein wesentlicher Teil unseres Ichs ist, dass es sich dabei nicht nur um ein Anhängsel unseres Gehirns handelt und dass er die sichtbare Spitze des Eisbergs ist, also unseres Ichs. Nehmen wir an, dass dieser Körper nach Erholung verlangt, nach Streicheleinheiten und Liebe, statt immer nur zu kämpfen. Nehmen wir weiter an, dass dieser Körper uns sagen will, er habe genug davon, misshandelt zu werden, und dass er uns das mit mehr oder weniger Nachdruck sagt, damit wir der Intensität des Signals entsprechend reagieren.

Unterstellen wir nun noch, dass unsere Annahmen durchaus real sind, dass unser Körper ein Teil unserer selbst ist, dass er respektiert und geliebt werden möchte, wie wir selbst im Grunde auch, dass er von der fabelhaften (und ach so wichtigen!) Mission erfüllt ist, zu uns zu sprechen und uns zu sagen, was in unserem Inneren weniger körperlich vorgeht und dadurch auch weniger fühl- und sichtbar ist. Ist es so schwer, sich das vorzustellen? Ruft diese körperliche Intelligenz nichts in uns wach, nicht so sehr auf der Bewusstseinsebene als vielmehr auf der tiefen Wissensebene, die unsere Seele belebt und uns manchmal mit Sicherheit sagen lässt: »Ich *weiß*, dass dieses oder jenes für mich richtig ist«?

Wir wissen alle, dass wir nicht nur Körper in Bewegung sind und dass uns eine andere Kraft innewohnt und uns leitet. Unser Körper ist Teil eines viel größeren und komplexeren Zusammenhangs als unser Gehirn, aber auch eines viel einfacheren. Das ist schwer zu erklären, aber doch genauso real wie die klinische Beschreibung dessen, was die Medizin »körperlich«, »psychisch« oder »psychosomatisch« nennt.

Dieser Zusammenhang, dieses Ganzheitliche ist eine Kraft und eine Energiequelle, die wir spüren, aber nicht beschreiben können, die wir deutlich in uns wahrnehmen, aber nur schwer ertasten. Wir wissen, dass diese obskure und unbestimmte Kraft Liebe braucht, Frieden und Sanftmut, und keine Kriege, keine Kämpfe gegen vulgäre Viren, Bakterien oder andere Angreifer. Wenn diese Quelle des Lebens daniederliegt und uns das mithilfe unseres Körpers mitteilt, sollen wir ihn dann dadurch bestrafen, dass wir ihn zwingen, auch noch gegen sich selbst zu kämpfen? Natürlich nicht. Wir werden vielmehr versuchen, ihm zu helfen, ihn zu pflegen und ihm alles zu geben, was wir können, damit es ihm besser geht und er genesen kann. Was wir für jeden anderen tun würden, werden wir auch für uns tun. Wenn wir das nicht täten, würde das bedeuten, dass wir uns nicht lieben und nicht respektieren, was unser Unwohlsein nur verschlimmern würde. Wir werden folglich einen ganz anderen Zugang wählen, der auf Sanftheit beruht und nicht auf Kämpfen!

Das manche der Mittel, die hier vorgeschlagen werden, die Gabe von Medikamenten benötigen, ist nicht zwangsweise ein Widerspruch, solange diese Medikamente eine Ergänzung der Behandlung darstellen und kein Selbstzweck sind, auf den wir unsere ganze Hoffnung auf Heilung stützen. Das Verschreiben eines Medikaments müsste außerdem vor der Anwendung vorgeschlagen werden, statt es auf der Grundlage irgendwelcher Statistiken aufgedrängt zu bekommen, die den Einzelnen verneinen und zu einer bloßen Nummer machen. Die Verschreibungspraxis müsste die Person, ihre Umgebung und viele andere Faktoren berücksichtigen, die auf ein gemeinsames Ziel hinauslaufen, das heißt auf den Respekt vor und die Liebe zu sich selbst. So kann der Gesundheitszustand, dieser Spiegel des Ichs, am besten wiederhergestellt werden, Der Ansatz, »für sich selbst zu kämpfen« statt »gegen sich selbst«, wird jetzt in seiner ganzen Bedeutung klar und hilft uns dabei, die wiederholten Fehler der Vergangenheit zu vermeiden.

Krankheit als »Botschaft« und nicht als »Unglück«

Zwei Meinungen stehen sich gegenüber, die grundverschieden und ausschlaggebend für die therapeutischen Ansätze sind.

Der erste Ansatz ist traditioneller Art und weist dem »Unglück« und seinem Gefolge eine grundlegende Rolle zu. Zu diesem Gefolge gehören Viren, Bakterien und auch die entarteten Zellen, die zum Beispiel die Ursache für Krebs sind. Zu ihren Alliierten gehören Schadstoffe aller Art: Tabak, fettes Essen, Bewegungsmangel usw. Dieses Gefolge und seine Alliierten verbünden sich zufällig und dummerweise, um erst Symptome und dann Krankheiten hervorzurufen, die der Patient dann niederringen und mithilfe von Medikamenten bekämpfen muss, wenn er genesen oder wenigstens etwas Aufschub bekommen will... bis es zur nächsten Verkettung unglücklicher Umstände kommt und der Kranke schließlich stirbt.

Dieser Lebensentwurf räumt dem Einzelnen, dem Ich, überhaupt keinen Platz ein. In meinen Augen vereinfacht er zu sehr, sieht er den Menschen doch als das, was er eben nicht ist: eine Maschine, die lebt, leidet und stirbt und dabei die Umwelt erträgt und gegen sich selbst oder das Verhängnisvolle an sich selbst ankämpft. Aus dem Leben wird so ein reiner Überlebenskampf, bei dem man von vornherein weiß, dass man irgendwann verlieren wird. Das einzige Mysterium besteht darin herauszufinden, wann der jeweilige Mensch seinen Kampf verlieren und von dieser Erde verschwinden wird. Wie traurig!

Beim zweiten Ansatz, dem ich zuneige, wie Sie sicher erraten haben werden, geht es darum zu zeigen, dass eine Krankheit nur ein Hinweis unseres besten Freundes ist, unseres Körpers. Er will uns mit den Symptomen und der Krankheit etwas mitteilen. Je nach der Aussagekraft der übermittelten Botschaft und je nach unserer Fähigkeit hinzuhören werden die Symptome entweder zurückgehen, ganz verschwinden oder im Gegenteil stärker werden. In einem ersten Schritt muss man also diese Botschaft aufnehmen und verstehen, sonst ist eine Heilung nicht wirklich möglich. Im zweiten Schritt muss man dann berücksichtigen, was unser Körper uns sagt, und dafür muss man seinen Körper als Verbündeten statt als Hindernis sehen. Man muss ihn als echten Freund betrachten, der uns ermutigt, uns zu ändern und weiterzuentwickeln. So wird aus einer Krankheit ein wertvoller Helfer, der es uns ermöglicht, unser Wohlergehen wiederherzustellen. Dieser Ansatz berücksichtigt keine Zufälle, denn jeder Mensch ist für seine Krankheiten verantwortlich und hält den Schlüssel zur Heilung derselben in Händen. Er ist das Räderwerk, der Motor hinter der Mechanik, was auch bedeutet, dass er viel mehr ist als eine bloße Ansammlung von Zellen und Mikro-Organismen. Der Mensch besitzt nämlich eine fabelhafte Kraft, die nicht greifbar ist, nicht messbar, nicht sichtbar, und die ihn leben oder... sterben lässt. Die Entdeckung und Anerkennung dieser inneren Kraft ist eine wunderbare Sache, und die Krankheiten, unter denen die Menschen leiden, können so zu Freunden und Hoffnungsträgern werden und müssen nicht länger Gegner sein.

Bei einer meiner Patientinnen, Laura, 24 Jahre, die seit einigen Jahren verheiratet und Mutter zweier Kinder ist, handelt es sich um eine lebhafte und lustige Person. Sie leidet an einer Schilddrüsenunterfunktion und hat einen Kropf. Sie lehnt eine Langzeitbehandlung ab und hat mich aufgesucht, um zu erfahren, ob ein Ansatz ohne »Chemiekeule« genauso effektiv sein könnte wie der traditionelle Ansatz.

Nach Ansicht der Schulmedizin kann diese Krankheit viele Ursachen haben, die von erblichen Anlagen bis zum Jodmangel reichen, der übrigens zu Beginn des 20. Jahrhunderts in den Bergen verbreitet war und auch in der jüngsten Vergangenheit nach der Katastrophe von Tschernobyl eine Rolle spielte. Sobald die Diagnose nach einer Reihe von Bluttests und radiologischen Untersuchungen gestellt ist, wird ein Medikament auf lange Sicht verschrieben, um nicht zu sagen: für den Rest des Lebens... Laura kommt mit beträchtlicher Angst in die Klinik: Sie weiß, woran sie leidet, kennt die Behandlung, die ihr verschrieben wurde, »ohne die (ihr) Kropf und (ihre) Symptome sich nur verschlimmern können«, genau wie die Nebenwirkungen. In Bezug auf die Krankheitsursache haben weder die Familiengeschichte noch die Untersuchungen etwas erbracht, und der Spezialist hat die Patientin völlig im Unklaren gelassen ... Die Methoden der schulmedizinischen Behandlung haben Laura traumatisiert, denn sie fürchtet ihre Krankheit jetzt und versteht vor allem nicht, wie sie diese hat bekommen können.

Ich habe sie gefragt, seit wann sie daran leidet, um diesen Zeitpunkt dann in Verbindung zu bringen mit einem Ereignis, das sie vielleicht traumatisiert oder erschüttert hat. Nach einigen Minuten des Nachdenkens kam die Antwort: »Seit dem Moment, als ich gemerkt habe, dass meine Beziehung unbefriedigend ist!« Da der Grund der Erkrankung erkannt war, war es ausreichend, diesen anzugehen, damit der Kropf und die damit verbundenen Symptome verschwinden, und das ganz ohne medikamentöse Behandlung, abgesehen von einigen Spurenelementen und Vitaminen, die unterstützend gegeben wurden. Die Rückbildung hat nur drei Monate gedauert ...

Während der Sprechstunden hat sich herausgestellt, dass die Patientin, die sich außerhalb ihres Hauses sehr wohl zu behaupten wusste, in Gegenwart ihres Mannes nur noch ein Schatten ihrer selbst und vollkommen inexistent war, weil sie nur noch an ihn, ihre Kinder und ihre Pflichten dachte. Sich dieser Tatsache bewusst zu werden und sich vor allem erneut zu gestatten, auch innerhalb der Beziehung wieder einen Platz einzunehmen, hat die Heilung (und nicht die Bekämpfung) ihrer Krankheit ermöglicht. Seither ist die Patientin sehr glücklich. Und trotz der unvermeidlichen Scheidung infolge der Weigerung ihres Mannes, seine Frau so zu akzeptieren, wie sie wirklich ist, hat Laura erst neulich einen bemerkenswerten Satz zu mir gesagt, den ich häufig von Patienten zu hören bekomme, die von ihren Leiden geheilt sind: »Ohne diese Krankheit ginge es mir heute moralisch und körperlich nicht so gut!« Diese Bemerkung ist wunderbar, denn sie schließt alles ein, was zum Thema Gesundheit und Krankheit gesagt wurde und gesagt werden kann. Als Mediziner kann man mir kein schöneres Kompliment machen, und auch keines, das mich mehr berührt. Einem Patienten zu helfen, seine Würde als Frau oder Mann wiederzuerlangen, ihm zu helfen, sein Gleichgewicht und seinen eigenen Wert wiederzufinden, ist eine der schönsten Erfahrungen auf der Welt!

Wie wir gerade gesehen haben, können die Lösungen für ein und dasselbe Problem stark voneinander abweichen und sich sogar fast ausschließen – je nachdem, welchen Blickwinkel wir wählen und für welchen Behandlungsansatz wir uns entscheiden! Die Methoden des traditionellen Ansatzes wollen jedes Symptom und jede Krankheit bekämpfen, während die des humanen Ansatzes danach trachten, sich auf die Symptome und die Krankheit zu stützen, um zu »heilen«.

Eines Tages habe ich einen Menschen, der erfüllt war von Weisheit und Liebe, nach der Bedeutung der Krankheiten gefragt, und er hat mir geantwortet: »Kranksein ist die Angst, die Angst vor dem Leben. Es stört oder zerstört das Leben. Es verlangsamt das Dasein oder hält es im Extremfall ganz an. Die Angst vor dem Leben kommt davon, dass die Menschen nicht fest genug an sich glauben, sich nicht lieben und nicht voller Freude und Liebe leben wollen. Im selben Moment schaffen sie sich auch Hindernisse, die sie für objektiv halten. In Wahrheit ist das alles aber eine Täuschung. Sie wollen nämlich von dem Leben, das ihnen geschenkt wurde, nicht oder nicht länger profitieren. Kranksein schwächt, stärkt aber gleichzeitig; es zwingt dazu, sich mit sich selbst zu beschäftigen und zu verstehen, was im Bezug auf das Leben verstanden werden muss. Es stärkt einen Kranken in seinem Wunsch zu leben oder zu sterben ... Ein Betroffener weiß das im Grunde seines Herzens alles selbst ... Kranksein ist der eindeutige und objektive Ausdruck eines Unwohlseins, einer Disharmonie beim Menschen. Es ist lebenswichtig, um dahin zu gelangen, sich selbst und seine Umgebung mehr zu lieben. Es hilft dem Menschen, über sich selbst hinauszuwachsen, wenn er wirklich versteht, worum es sich dabei handelt.«

Während einer anderen Unterhaltung hat dieser Erleuchtete genauer beschrieben, was eine Krankheit einem Betroffenen bringen kann: »Eine Krankheit ist eine Demonstration. Eine Krankheit ist ein Zeichen, ein Beweis dafür, dass im Innern eines Menschen etwas nicht richtig läuft. Sie durchkreuzt und stört die vom Menschen etablierte Ordnung. Sie kommt, um zu zeigen, dass die wahre Ordnung sich nicht mit der vom Menschen errichteten Ordnung zufriedengibt. Sie ist ein Zeichen und sollte auch als solches verstanden werden. Sie resultiert aus einem größeren oder kleineren Fehler, den der betroffene Mann oder die betroffene Frau gemacht hat.«

»Sie ist nur die Benachrichtigung über eine Fehleinstellung der Menschen in Hinblick auf das Leben. Das Leben ist alles und sollte auf natürliche Weise gelebt werden, ohne Zwang und indem man sich dahin gehen lässt, wo man hingehen muss. Sie lenkt das Ganze, denn sie ist Teil vom Ganzen. Das Leben ist schön, heiter und hat keine Krankheiten. Es ist Programm, es ist alles und alles ist in ihm. Man muss damit verwachsen sein und zulassen, es zu genießen. Das Leben ist Frieden, Heiterkeit, Ruhe und vieles mehr. Krankheiten sind auch Ausdruck des Lebens, aber sie überbringen eine Botschaft. Diese Botschaft muss von einem Kranken in seinem Innern verstanden werden. Letzterer weicht vor dem Ganzen aus oder versucht es zumindest; er leidet, er ringt damit und er kämpft, denn es geht ihm schlecht. Meistens aber weiß er nicht, warum. Er muss verstehen, was die Krankheit ihm sagen will, worin die Botschaft besteht. Hat er das Leben verraten? Hat er sich außerhalb des Lebens verloren? Das kommt vor, und dann taucht die Krankheit auf. Sie ist das Ergebnis eines Verrats an sich selbst und am Leben. Also muss man verstehen, verarbeiten und akzeptieren, worin die Botschaft einer Krankheit liegt. Diese Botschaft muss immer eine Botschaft der Liebe und des Friedens sein.«

Die Vorstellung, dass eine Krankheit mit Liebe und Frieden zu tun hat, wird durch die Geschichten von Georges und Jacques verständlich, beides Männer jenseits der sechzig, die an Prostatakrebs litten.

Georges, ein Bankier mit einer hohen Stellung in seiner Firma, hat seit der Entdeckung seiner Krankheit die Behandlungen in Anspruch genommen, die empfohlen werden. Er hat die Entwicklung des Prostatatumors genauestens verfolgt und er hat den Wunsch geäußert, den Grund für diese Erkrankung zu verstehen, da er bis dahin immer bei bester Gesundheit gewesen ist und ein Leben ohne materielle Sorgen führte. Dieser Mann, der seinen Vater in sehr jungen Jahren in den Kolonien verloren hatte, musste sich als neuer Familienvorstand sehr früh um seine Mutter kümmern, und zwar bis zum Tod derselben. Sie war fünf Jahre vor der Entdeckung des Tumors verstorben. Georges Frau und seine Mutter hatten sich nie verstanden, er hatte während langer Jahre zwischen den beiden gestanden, als Puffer gedient und war angesichts der Vorwürfe vor beiden zurückgewichen ... Da er »von Natur aus« verschlossen war, wie er es selbst nannte, hatte er seinen Ärger darüber immer für sich behalten, und es war auch nie in Frage gekommen, sich für die eine oder andere zu entscheiden, da er schließlich an beiden hing.

Georges hat die Botschaft seines Tumors schnell verstanden: Wenn er es schaffen wollte, seiner Krankheit nicht zu erliegen, musste er seine Wut zur Sprache bringen und ausleben. Er musste die Trauer, die er seit Jahren in sich trug, herauslassen. Georges, der mit zahlreichen Professoren der Medizin bekannt war, konnte sich allerdings nicht dazu durchringen, diese Botschaft hinter seiner Krankheit zu akzeptieren, und er brachte bestimmte Argumente der Wissenschaft vor, um sich zu rechtfertigen, obwohl er später zugab, dass er Angst davor gehabt hatte, »all das« aufzurühren, nachdem sich seine Situation mit dem Dahinscheiden der Mutter doch entspannt hatte ... Doch während dieser Zeit wuchs der Tumor immer weiter, sodass schließlich ein chirurgischer Eingriff notwendig wurde.

Nach der Operation, und nachdem ich ihn monatelang nicht gesehen hatte, suchte Georges mich wieder auf. Er gab vor, zwar noch nicht mit dem »Bauch«, aber rein »*intellektuell*« ganz und gar akzeptiert zu haben, dass der Grund für seine Erkrankung darin lag, weil er sich vor seiner Mutter und seiner Frau »zurückgezogen« hatte und »quasi verschwunden« war. Er konnte nachvollziehen, dass sich dadurch in ihm eine große Wut angestaut hatte und dass er diese unbedingt ausleben musste. Da er aber nicht wusste, wie er das anstellen sollte, wollte er mich um Rat fragen. Der Patient hat zugegeben, dass das Problem in Wirklichkeit nicht darin bestand zu wissen, wie er diese Wut ausleben sollte, sondern darin, sich eben das zu erlauben, sich genug zu lieben und zu respektieren, um der eigenen Person den Vorzug zu geben, statt nach wie vor dem Wohlergehen seiner Frau oder seiner Mutter den Vorzug vor dem eigenen zu geben. Sich selbst zu lieben bedeutete offensichtlich, sich das Recht zuzugestehen, die Wut gegen seine verstorbene Mutter und seine Frau auszuleben. Und Letztere unterstützte ihn auch noch jeden Tag beim Kampf gegen seine Krankheit ...

Georges hat es mit Entspannungsübungen und verschiedenen Behandlungen versucht, aber ohne Erfolg, bis das Fortschreiten der Krankheit eine Einweisung ins Krankenhaus erforderlich machte. Einige Tage vor seinem Tod hat er mir anvertraut, dass er nun in Frieden scheiden könne, da es ihm gelungen sei, seine Wut auszudrücken. Ich habe seine Worte noch im Kopf: »Ich bin glücklich und heiter, auch wenn ich sehr leide und danach trachte, so schnell wie möglich zu gehen, denn ich habe meine Menschenwürde wiedergefunden, indem ich meine Wut zum Ausdruck gebracht habe. Das war sehr schmerzhaft, aber auch eine große Erleichterung ...«

Georges hat uns verlassen, nachdem er verstanden hatte, dass es ohne die Liebe zu sich selbst unmöglich ist, zu leben und Frieden zu finden. Es hat eine Krebserkrankung mit all dem unvermeidlichen Leid gebraucht, damit er die Bedeutung dieser Eigenliebe erkennt. Ich vermisse ihn sehr, glauben Sie mir, aber was für eine Botschaft!

Auch Jacques ist ein sehr aktiver Mensch. Er ist verheiratet, Vater von fünf Kindern und stammt aus einer sehr religiösen Familie, die sich sehr nahesteht. Aufgrund eines Blutbildes fand er sich beim Urologen wieder, der ihm eröffnete, dass er an Prostatakrebs erkrankt sei. Wie Georges hat auch ihn diese Neuigkeit völlig unvorbereitet getroffen, denn bis dahin hatte er nie gesundheitliche Probleme. Nachdem er mehrere Spezialisten aufgesucht hat, die ihm alle die verschiedenen Behandlungsmöglichkeiten erklärt haben, vereinbarte er bei mir einen Termin, um mehr über einen alternativen Ansatz zu erfahren, der eigenständig war oder die Behandlungen ergänzen sollte.

Ich habe ihn gebeten, die zwei Fragen zu beantworten, die ich jedem stelle, der an einer solchen Erkrankung leidet:

1. »Warum haben Sie Prostatakrebs?«

»Das muss wohl an meinem Gefühlsleben liegen, denn ich habe mich vor zwei Jahren von meiner Frau getrennt und lebe seither mit meiner Freundin. Ich habe deshalb starke Schuldgefühle, obwohl diese Entscheidung, die zu treffen mir aufgrund meiner Erziehung, meiner Religion und meiner Lebensführung sehr schwergefallen ist, wie eine Rettung vor der totalen Zerstörung war.«

2. »Haben Sie denn Lust zu leben?«

»Ja, ganz offensichtlich.« Aber für wen und warum? »Für mich, denn seit meiner Trennung habe ich die Lust am Leben wiederentdeckt.«

Jacques' Antworten steckten so voller Hoffnung, dass sie für sich allein bereits ein Beweis für den wirklichen und tief empfundenen Wunsch nach Heilung waren. Da aber dieser Krebs nun einmal da war, bedeutete er, dass ein Teil von Jacques nicht mehr leben wollte. Der Patient hatte das in seiner ersten Antwort angedeutet, als er erwähnte, dass er sich schuldig fühlte, weil er nach mehreren Jahren des Zögerns Lust hatte, mit der Frau, die er liebte, zu leben, statt weiter bei der Mutter seiner Kinder zu bleiben. (Das ist natürlich eine sehr knappe Zusammenfassung einer weitaus komplexeren Wirklichkeit!) Indem er sich das Recht nahm, zu leben statt langsam zu sterben, haben die Schuldgefühle Form angenommen und sind zum Nährboden für den Tumor geworden. Jacques hat, sobald er das erkannt hatte, an sich selbst gearbeitet, um sich wieder zu respektieren und zu lieben. Er hat sich dafür entschieden, unseren therapeutischen Ansatz zu befolgen, was sich als sehr weise herausgestellt hat, denn seither verbringt Jacques glückliche Tage an der Seite der neuen Frau, ohne dass sein Krebs ihm Kopfzerbrechen bereitet. Alle Untersuchungen, die wir durchgeführt haben, nachdem Jacques an sich selbst gearbeitet hat, haben gezeigt, dass der bösartige Tumor verschwunden ist. Jacques ist ein Paradebeispiel für einen Menschen, dem es gelungen ist, sich »dank der Krankheit« auf einer persönlichen Ebene weiterzuentwickeln und sich das Recht zu nehmen, endlich er selbst zu sein.

Es ist ganz entscheidend, die Krankheit als Botschaft zu erfassen, denn das ist die Bedingung für den therapeutischen Ansatz. Unterm Strich ist die Krankheit eine Botschaft, die unser Körper uns schickt, sie ist unser Verbündeter und unser Freund, der uns warnen will, dass wir Gefahr laufen, uns zu verlieren, uns zu verraten und uns folglich in unserer Haut nicht mehr wohlzufühlen. Je nach der Stärke und der Häufigkeit dieses »Verrats« kann dieses Signal oberflächlich und schwach oder heftig und einschneidend ausfallen. Die Symptome, die Körperteile, an denen sie sich zeigen, und die Krankheit werden uns dabei helfen, die Bedeutung des Unwohlseins zu bestimmen. Wenn all diese Botschaften verstanden und richtig interpretiert werden, wird auch der Heilungsprozess in Gang gebracht. Aber natürlich muss man auch das korrigieren, was die Krankheit ausgelöst hat, damit die Heilung möglich wird und vollständig ist.

Die angeborene Güte des Menschen

Damit es uns gelingt, die Botschaften unseres Körpers vollständig zu entschlüsseln, also sowohl in physischer, psychischer und spiritueller Hinsicht, müssen wir vor allem einmal definieren, was ein gesunder Mensch ist.

Auch hier stehen sich zwei Auffassungen gegenüber. Die erste geht davon aus, dass der Mensch schlecht ist, dass er sich über seine Fehler definiert, seine Unvollkommenheit, seine Schwächen, dass er die Frucht der Erbsünde ist und dass er dafür auf die eine oder andere Weise bezahlen muss. Diese jüdisch-christliche Sicht ist ihrerseits die Grundlage für einen therapeutischen Ansatz, der

Schuldgefühle auslöst, indem er dem Erkrankten ständig eintrichtert, dass er ja nur das bekommt, was er verdient, und dass seine Krankheit sogar mehr oder weniger normal ist, da der Mensch im Grunde schlecht ist. Diese Sicht der Dinge und des Menschen ist genauso traurig und trostlos wie die, welche wir auf Seite 22 beschrieben haben.

Laut der zweiten Auffassung ist der Mensch ein Wesen voller Qualitäten im Einklang mit dem Kosmos. Folglich trägt er das universelle Wissen – ob nun in einem unschuldigen oder ausgebildeten Zustand – in seinem Kern und in seinem Herzen. Und natürlich die Liebe zu sich selbst und zu den Anderen. Dieser innerste Kern ist etwas Angeborenes, Ewiges, und er nährt sich aus den Tiefen des Daseins. Er ist gleichzeitig Wissen, Erkenntnis und Liebe; er steht in direkter Verbindung zum Leben. Dieser Kern *ist* das Leben und ohne ihn existiert nichts, vor allem nicht der Mensch. Man kann ihn »Seele«, »Chi« oder »Lebensenergie« nennen, was auch immer. Die Bezeichnungen sind nicht wichtig, wichtig ist nur zu wissen, dass dieser Kern in uns allen vorhanden ist. Gesund zu sein bedeutet, dass man eine direkte und ununterbrochene Beziehung zu diesem Kern hat. Verliert man den Kontakt zu ihm, zieht das Störungen und Krankheiten nach sich. Ja, wie sollen wir uns überhaupt vorstellen, abgeschnitten vom Dasein, von »*unserem*« Dasein, zu leben?

Um dieses Konzept genauer zu erläutern, nehmen wir die Vorstellung von einem Fuhrwerk zu Hilfe, wie man es im Orient zu tun pflegt. Dort vergleicht man den Menschen mit einer Kutsche: Die zwei Vorderräder (die Arme) geben die Richtung vor, und die zwei Hinterräder (die Beine) tragen die Last. Die Kutsche wird von zwei Pferden gezogen, die für die Emotionen stehen, was beweist, dass ohne sie das Leben nicht vorangeht und nicht wirklich existiert. Gelenkt wird diese Kutsche von einem Kutscher, der für unser Denken steht, für unser Bewusstsein. In der Kutsche sitzt der Fahrgast, den wir nicht sehen, der aber den innersten Kern symbolisiert, ohne den das Leben keine Richtung hat. Nach außen sieht es so aus, als lenke der Kutscher das Gefährt, aber das scheint nur so:

Ohne den Fahrgast, der die Richtung vorgibt, ist das Paar Kutsche/ Kutscher nur ein orientierungs- oder bewegungsloses Gefährt, oder eines, das umherirrt ... Verliert man den Kontakt zum Fahrgast, also dem innersten Kern, dann führt das früher oder später in die Irre, zu einem Halt oder zu einem Unfall. Wenn auch nur ein Teil vom Ganzen vernachlässigt wird oder tun darf, was er will, ohne die Wünsche des Fahrgasts zu berücksichtigen, dann kommt es zu einem Unfall oder einer Panne und dadurch zur Blockierung.

Sobald wir den Menschen als ein Wesen mit Qualitäten erachten, müssen wir ihn nicht länger über seine Fehler und Mängel definieren, sondern über diese Qualitäten.

Es erstaunt mich immer wieder, wie sehr meine Patienten zögern und wie schwer es ihnen fällt, an sich selbst Qualitäten zu entdecken. Es bringt sie in Verlegenheit, und viele unter ihnen sagen, dass es ihnen leichter fallen würde, ihre Fehler anstelle ihrer Stärken aufzuzählen, oder dass es für die ihnen nahestehenden Personen leichter wäre, sie zu benennen. Genauso bezeichnend ist es, dass die meisten bei dieser Definition Bezug auf andere nehmen und nicht auf sich selbst. Sie erwähnen zum Beispiel: anderen zuhören, Freundlichkeit, Hilfsbereitschaft, Geduld, ein guter Vater oder eine gute Mutter sein usw. Die Definition ihrer selbst geht über die Anderen, als würden sie ohne diese nicht mehr existieren!

Und bei den Patienten, die bei dieser Übung mitmachen und sich Qualitäten zuerkennen, zeigt sich häufig, dass es sich vorwiegend um intellektuelle Stärken handelt wie Intelligenz, analytische Fähigkeiten und prägnantes Denken. Selten werden Fähigkeiten erwähnt, die in der rechten (weiblichen) Hirnhälfte angesiedelt sind. Dazu gehören Kreativität, Sinnlichkeit (in einem umfassenden Sinn) oder die Intuition. Diese Probleme, sich selbst zu definieren, ohne dies in Bezug auf andere zu tun, sind ein eindeutiges Zeichen dafür, dass man seine Identität oder den Kontakt zu seinem innersten Kern verloren hat. Es kann also nicht überraschen, dass solche Menschen sich eines Tages beim Arzt wiederfinden, weil sie krank sind oder unter irgendwelchen Problemen leiden.

Einige Hinweise sollen uns dabei helfen zu verstehen, was unser Körper uns mit bestimmten Übeln sagen will, an denen wir leiden. Unser Körper ist in emotionaler Hinsicht in gewisser Weise der Spiegel für unser Inneres. Seine Art, sich bemerkbar zu machen, genau wie die anatomischen Bereiche, in denen er es tut, sind von größter Bedeutung. Genaues Beobachten ist ganz entscheidend, denn der Körper verrät uns fast alles über uns. Sich beobachten heißt, sich um sich selbst kümmern!

Der Fall von Jean ist hier sehr aufschlussreich. Er kam an einem Montagmorgen mit einer starken Entzündung der Nasennebenhöhlen in meine Praxis. Begonnen hatte die Erkrankung mit Halsschmerzen während einer Zugfahrt nach Paris. Er hatte dort das Wochenende bei seiner Verlobten verbracht, von der er sich am Bahnsteig in dem Bewusstsein verabschiedet hatte, dass er sie zwei Wochen lang nicht sehen würde. Am nächsten Morgen war er mit hohem Fieber und der Nebenhöhlenentzündung aufgewacht. Warum? Seine erste Antwort bestand in der Behauptung, er habe das Virus aufgeschnappt, das gerade umging... Als ich ihn bat zu entschlüsseln, was sein Körper ihm damit zum Ausdruck bringen wollte (wohl wissend, dass alles mit Halsschmerzen begonnen hatte), wurde ihm schnell klar, dass er seiner Verlobten etwas hatte sagen wollen, dass er es aber nicht getan hatte. Wenn man aber bedenkt, dass die Nasennebenhöhlen in direkter Verbindung zur Leber stehen, die wiederum der Ort unterdrückter Wut ist, dann wird alles ganz offensichtlich: Er war wütend, weil er seine Verlobte nicht schneller wiedersehen würde. Und weil er das nicht zur Sprache gebracht hatte, verlangte sein Körper von ihm, es zu tun! Die Halsschmerzen und die Nebenhöhlenentzündung waren einfach deutliche Zeichen dafür, was Jean tun sollte.

Die uralte chinesische Medizin hat einige dieser Schlüssel klar definiert:

* Leber, Gallenblase und Augen sind die Orte, an denen unterdrückte Wut sitzt. Vorrangig die Leber hat, wenn sie zu voll davon ist, »Ausgänge« für ihre Giftstoffe: die Haut und die Ne-

benhöhlen. Wenn diese Ausgänge nicht mehr reichen, wenn die Krankheit einen chronischen Verlauf nimmt oder verschiedene Behandlungen mit Antibiotika den Betroffenen »geheilt« haben, springen die Gelenke ein und es kommt zu Arthritis.

- In den Bronchien und den Lungen findet sich der Sitz der nicht ausgelebten Trauer.
- Die Gedärme und der Unterleib beherbergen ganz allgemein die unterdrückten Emotionen, alles Unausgesprochene, und Verstopfung ist zum Beispiel bei verschlossenen Menschen ein Zeichen für ihre Probleme, Gefühle auszudrücken.
- Nieren und Blase sind Sitz der Ängste.
- In der Prostata sitzen beim Mann die Konflikte mit der Frau.
- In den Brüsten situieren sich die Konflikte mit dem Mann (bei Rechtshänderinnen ist es die rechte Brust) oder mit der Wohnung, dem Nest (linke Brust).

Diese Liste ist nicht vollständig, und jeder Punkt wurde eher summarisch beschrieben. Aber sie reicht aus, um anhand unserer Leiden die Botschaften zu verstehen und zu entschlüsseln, die unser Körper uns zu übermitteln versucht. Wenn man auf diese Leiden achtet, wird jeder Erkrankte sich bewusst werden, dass sein Körper ein offenes Buch ist und dass die Informationen darin erstaunlich genau sind.

Kapitel 2

Die Mechanismen, die zur Erkrankung führen

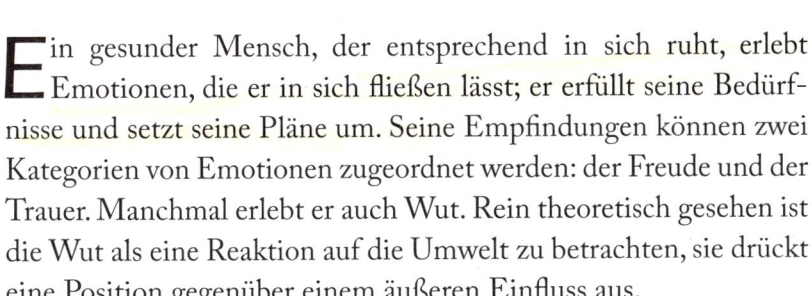

Ein gesunder Mensch, der entsprechend in sich ruht, erlebt Emotionen, die er in sich fließen lässt; er erfüllt seine Bedürfnisse und setzt seine Pläne um. Seine Empfindungen können zwei Kategorien von Emotionen zugeordnet werden: der Freude und der Trauer. Manchmal erlebt er auch Wut. Rein theoretisch gesehen ist die Wut als eine Reaktion auf die Umwelt zu betrachten, sie drückt eine Position gegenüber einem äußeren Einfluss aus.

Ein gesunder Mensch »*existiert*«, was bedeutet, dass er seinen Emotionen und Bedürfnissen nachgibt. Die Terminologie ist hier wichtig... Bei dem Nachgeben, von dem hier die Rede ist, handelt es sich nicht um ein Sich-gehen-lassen, das so mancher Erzieher seinen Schülern vorwirft, die ihren Schwächen nachgeben und den vermeintlich leichteren Weg wählen. Hier ist die Rede von dem berühmten »Loslassen«, also von einem Menschen, der seine Energien in sich fließen lässt, der tiefe Emotionen wie Freude und Trauer auslebt, genau wie seine Bedürfnisse, die immer positiv sind, denn sie stammen ja von einer Person voller Qualitäten: Ein solcher Mensch hat den Glauben an sich bewahrt.

Dem Drang nachzugeben, seine Emotionen auszuleben, ist die Grundlage einer guten Gesundheit, und jeder kann das für sich überprüfen: Wenn man sich gut fühlt, fließt die Energie, alles läuft »wie geschmiert«, Erfolg und Freude stellen sich ein. Außerdem ist ein solcher Mensch aktiv und gut in Form. Wenn unsere Emotionen aber blockiert sind, treten Spannungen auf, und wenn der Betroffene nicht reagiert, indem er loslässt, also dem Drang nachgibt, seine Emotionen auszuleben, dann kommt es zur Erkrankung.

Die beiden grundlegenden Emotionen, welche die Ursache der meisten – wenn nicht aller – Krankheiten und Störungen sind, sind die Wut und die Trauer. Die Freude dagegen ist eine Emotion, die normalerweise ohne Zurückhaltung ausgelebt wird, denn erstens stört sie niemanden und zweitens ist sie leichter zu ertragen, weil sie selten von unserer Erziehung blockiert wird, und sei sie auch noch so streng.

Die Wut

Diese äußerst starke Emotion ist die Ursache für viele Krankheiten und für das Unwohlsein so mancher Menschen. In Wahrheit hängt die Wut eng mit der Liebe zusammen! Sie tritt schon in früher Kindheit auf, als häufige Folge des Strebens nach Vergnügen und Wohlbefinden und auch der Angst davor, zu leiden. Wenn seine Grundbedürfnisse nicht befriedigt werden, reagiert ein Kind häufig mit Wut, und es drückt diese ohne jede Hemmungen aus! Auch Jugendliche und Erwachsene sind vor dieser starken Emotion nicht sicher, obwohl sie Wut häufig als ein Gefühl erleben, das mit der Fähigkeit zu lieben einhergeht. Je mehr diese Fähigkeit zu lieben wächst und je komplexer sie wird, desto stärker wird auch die Fähigkeit, Wut zu empfinden und auszudrücken: Denken wir nur daran, wie heftig unsere Wut ist, wenn wir selbst oder die von uns geliebten Menschen in Gefahr sind. Diese Empfindungen kommen entweder zum Ausdruck oder werden nicht gelebt. Wenn sie blockiert und unterdrückt werden, hat das mehr oder minder starke

Störungen in energetischer Hinsicht zur Folge, die sich in Spannungen, Symptomen oder Krankheiten äußern.

Es ist lebenswichtig, seine Wut zu zeigen!

Wut wird meist aus vielen Gründen unterdrückt, am häufigsten hängen diese mit unserer Erziehung zusammen. Eltern, die ihre Wut unterdrücken und nie die Stimme heben, vermitteln ihren Kindern zum Beispiel, dass es eine wichtige Regel im Leben ist, sich selbst und seine Emotionen unter Kontrolle zu haben. Von wütenden Eltern geschlagen zu werden zeigt dagegen, dass Wut traumatisiert, und der zukünftige Erwachsene wird diese Emotion unweigerlich mit Schmerz und Leid in Verbindung bringen. Wird im umgekehrten Fall ein Kind bestraft, weil es seiner Wut Ausdruck verliehen hat, so wird es diese Emotion fortan unterdrücken, weil sie schlecht und ungesund ist, weil sie die Anderen stört und dazu führt, dass ihm die Liebe entzogen wird.

Man könnte noch viele Gründe nennen, die ein Kind dazu bringen, eine Emotion zu unterdrücken, die normal und gesund ist. In Wirklichkeit ist die Wut nämlich etwas ganz Natürliches, das auf jeden Fall empfunden wird. Was also tun? Der Körper weiß, was zu tun ist: sie ausdrücken (das »ex« im französischen »exprimer« bedeutet auf Latein »aus«). Das heißt also, der Körper will die Wut aus sich herauslassen, sie »ausspucken«, sie loswerden. Sonst leidet er, was sich erst in der Form von Anspannung und dann in der Form von Zorn zeigt.

Der Unterschied zwischen Wut und Zorn ist ganz entscheidend. Zorn ist eine Mischung aus unterdrücktem Leiden, Angst und Wut, die sich über kurze oder längere Zeit anstaut. Zorn ist gefährlich, ja sogar zerstörerisch. Er setzt den Körper stark unter Stress, und wenn er nicht ausgedrückt wird, führt er wie jede Form von Stress zu einer Blockade der körperlichen Abwehrsysteme und verwandelt sich in der Regel in eine Krankheit. Wird er aber von dem Betroffenen doch ausgedrückt, fühlt dieser sich normalerweise schuldig und bereut, nicht in der Lage gewesen zu sein, seinen Zorn zu beherrschen. Daraus entsteht ein immer größer werdender Teufelskreis, und der Prozess geht immer weiter, bis es zur logischen Konsequenz kommt: der Erkrankung! Wir werden später noch sehen, dass die Leber in diesem Fall von allen Organen am meisten betroffen ist, und in geringerem Umfang alle Organe, die mit ihr in Verbindung stehen.

Wut ist etwas Gefühltes und sollte als solches auch ausgelebt werden. Ich nehme häufig einen Vergleich zu Hilfe. Wenn man sich den Magen verdorben hat, bieten sich zwei Lösungen an: Entweder erbricht man sich so schnell wie möglich, um den gequälten Magen zu reinigen, und ist dafür sogar bereit, das Erbrechen selbst herbeizuführen, oder man untersagt sich das aus vielerlei Gründen, die einer wie der andere schlecht sind, und akzeptiert, während mehrerer Stunden an Übelkeit zu leiden, bis die Verdauung einsetzt. Es ist interessant festzustellen, dass die meisten Menschen, denen es Probleme bereitet, ihre Wut auszudrücken, auch unfähig sind, sich willentlich zu erbrechen! Man hat die Wahl, und von dieser Wahl hängt unsere Gesundheit ab, unser Wohlergehen.

Wut kann unterdrückt oder ausgedrückt werden. Ein Mensch, der Wut empfindet, kann sich dafür entscheiden, zu leben und auch seine Emotionen leben zu lassen oder sie für sich zu behalten und darunter zu leiden. Kurz gesagt: zu explodieren oder zu implodieren. Das Unterdrücken der Wut geschieht häufig im Namen anderer: »Ich will dem Anderen nicht wehtun. Ich glaube nicht, dass das wichtig ist. Das lohnt die Mühe gar nicht ...« Jede dieser Redewendungen zeigt, dass der Betroffene sich nicht das Recht zugesteht, das zu leben, was er empfindet. Er gesteht sich nicht das Recht zu, zu sein, was er ist, und gibt den Anderen und ihrem Wohlergehen den Vorrang vor sich selbst. Die Anderen haben für ihn Priorität, und dadurch respektiert er sich nicht. Der Körper wird im Gegensatz zum Denken sofort auf diesen Mangel an Respekt reagieren und ihn deutlich zur Sprache bringen: durch Anspannung oder durch Krankheit.

Ein weiterer, häufig wiederkehrender Grund dafür, seine Wut nicht auszudrücken, wird von Menschen ins Feld geführt, die behaupten, »das würde zu nichts führen, wirft uns zurück oder ändert nichts am Geschehenen«. Die Wut wird zurückgehalten, weil sie angeblich nichts nützt. Es stimmt, seine Wut auszudrücken ändert das Geschehene nie, aber es tut gut, erleichtert und nimmt die Anspannung, die man in sich trägt. Dieser Grund müsste eigentlich ausreichen und sogar entscheidend für jeden Menschen sein, der sich respektiert für das, was er ist und was er lebt.

Eine andere Ausrede, die man häufig zu hören bekommt, beruht auf der Idee, dass ein wutentbrannter Mensch sich nur demjenigen gegenüber äußern sollte, der diese Wut ausgelöst hat. Eine schöne Idee, die aber aus zweierlei Gründen schwer umzusetzen ist: Zum einen muss der Betroffene darauf warten, dass der Andere verfügbar ist, um ihn anzuhören und zu verstehen. Zudem hat niemand wirklich Lust darauf, jemandem zuzuhören, der wütend ist. Zum anderen bedeutet diese Ausrede meist, dass ein wütender Mensch in Wahrheit eigentlich von seinem Gegenüber Recht bekommen oder mit ihm über die Berechtigung seiner Wut diskutieren will. Aber Wut ist eine ganz persönliche Emotion, die von niemandem gutgeheißen oder abgelehnt werden muss, die niemandes Urteil unterliegt und von niemandem anerkannt zu werden braucht. Auch eine solche Ausrede bedeutet, dass ein von Wut gepackter Mensch sich selbst nicht genug respektiert und von anderen das Recht und die Erlaubnis zu existieren einholen muss. Existiert ein solcher Mensch aus sich selbst heraus? Warum sollte man sich so sehr wünschen, von einem Anderen in seinen eigenen Empfindungen anerkannt zu werden? Ist das eine Form des Daseins? Natürlich nicht!

Häufig erkennt ein Mensch die Wut in sich gar nicht: Er verneint sie nicht bewusst, sondern hat gar nicht das Gefühl, wütend zu sein. Er glaubt, keine Wut zu empfinden, fast nie wütend zu sein und ist höchstens mal irritiert, aber auch das verschwindet schnell wieder. Menschen, die Meister ihrer selbst sind, präsentieren sich nach außen oft so: Sie sind nicht wütend! Sie mögen in manchen Momenten enttäuscht sein, aber nicht wütend; sie empfinden eine gewisse Traurigkeit, eine Ungerechtigkeit, aber immer noch keine

Wut. Wenn man sie fragt, was sie von Cholerikern halten, kommt postwendend die schroffe Antwort: »Das sind Leute, die die Kontrolle verlieren, und das ist abstoßend und lästig!« Es kommt einem Gesichtsverlust gleich, und man wird dann von anderen als jemand verurteilt, der unfähig ist, sich zu beherrschen und somit fast gefährlich ist.

Sehr häufig sind solche Menschen mit einem Elternteil, einem Bruder oder einer Schwester aufgewachsen, die Choleriker waren, und das haben sie in sehr schlechter Erinnerung. Sie möchten so jemandem um keinen Preis ähnlich sein! Entsprechend leugnen sie ihre Wut und ihre Irritation und verbannen sie ganz tief in sich. Dieser Zustand des Nicht-Anerkennens einer normalen Emotion ist natürlich sehr besorgniserregend für ihre Gesundheit, denn Wut wird sehr tief und sehr dauerhaft verbannt. Solche Menschen werden ganz selten einmal aus einem nichtigen Grund aus der Haut fahren und das anschließend noch mehr bedauern. So schließt sich der Teufelskreis, in dem sie sich verfangen haben.

Es ist interessant, solchen Menschen bewusst zu machen, dass diejenigen, welche sie mit ihren Wutausbrüchen traumatisiert haben, Leute sind, bei denen sich frustrierende Erfahrungen über eine bestimmte Zeit anstauen, um sich dann in heftigen Ausbrüchen ihren Weg nach außen zu bahnen. Genauso interessant ist es, ihnen aufzuzeigen, dass es das Gegenteil von dem ist, was sie bisher bei ihren Verwandten erlebt haben, nämlich dass man seine Wut anerkennt und sich zugesteht, sie auszuleben. Dieser Punkt ist sehr wichtig, denn allzu häufig wird das »Ausrasten« mit dem angemessenen Ausdrücken der Wut verwechselt. Der Unterschied ist von Bedeutung: Einen Wutanfall haben heißt nicht, seine Wut auszudrücken! Angestaute, aber nicht zum Ausdruck gebrachte Wut führt oft zu plötzlichen Wutanfällen aus nichtigen Gründen, die in keinem Verhältnis zur Heftigkeit dieser Wut stehen. Dabei handelt es sich, wie wir bereits gesehen haben, um Zorn und nicht um Wut.

Wut drückt man sich selbst gegenüber aus, und zwar so schnell wie möglich nach dem Vorfall, der diese Empfindung ausgelöst hat.

Die verwendeten Worte mögen heftig sein, aber diese Heftigkeit geht nicht auf Kosten anderer.

Wenn man die verschiedenen Ausreden noch einmal zusammenfasst, die man zum Unterdrücken seiner Wut anführen kann, wird schnell deutlich, dass sie ausnahmslos im Namen der Anderen angeführt werden. Wieder verbietet sich der Betroffene das Recht auf seine Existenz und erwartet von den Anderen, dass sie ihm dieses Recht zugestehen. Dabei gibt es eine grundsätzliche und entscheidende Regel: Niemand anders als man selbst kann sich das Recht auf die eigene Existenz gewähren. Existieren heißt hier, seine Emotionen leben, seinen Bedürfnissen folgen. Kein Mensch existiert wirklich, wenn er sich das nicht erlaubt. Diese Regel ist angeboren, sie zeigt sich vom Zeitpunkt der Geburt an. Wenn wir Kinder beobachten, die wir als Erwachsene alle einmal waren, werden wir feststellen, dass sie sich diese Frage gar nicht stellen: Sie leben ihre Emotionen, ihre Bedürfnisse, und das ist für sie ganz natürlich. Dem Erwachsenen ist aufgrund seiner Erziehung diese Erkenntnis oft abhanden gekommen, und er erbittet dieses Recht von anderen: den Eltern, dem Vorgesetzten, dem Lebensgefährten oder der Lebensgefährtin und auch (was der Gipfel ist!) von seinen eigenen Kindern ...

Die unterdrückte, verdrängte Wut

Wenn man Wut unterdrückt, welchen Weg bahnt sich diese dann durch unseren Körper? Kann man sie vergessen? Kann sie sich auflösen und »mit der Zeit« ganz verschwinden? Dieser Illusion erliegen Patienten häufig. Es ist bequem, sich vorzustellen, dass unterdrückte und nicht ausgelebte Wut irgendwohin verschwindet, um durch einen willkommenen Zufall in die Tiefen unseres Ichs ab- und nie wieder aufzutauchen. Unser Denken, vielmehr unsere Denkweise – im Folgenden »Denke« genannt –, übernimmt diese Rolle zum Teil: Unterdrückte Wut ist uns nicht mehr bewusst, wir denken nicht mehr daran, wir vergessen sie und mit etwas Beharrlichkeit überzeugen wir uns aus schierem Willen davon, dass sie gar nicht mehr existiert. Das Problem: Diese Überzeugung beruht auf einer Illusion!

Dazu eine kleine Übung: Kehren wir zu einem Moment der Wut zurück, den wir viele Tage, Monate oder sogar Jahre in uns getragen haben. Rufen wir die Erinnerung an den Vorfall wach, der diese Wut ausgelöst hat, und versuchen wir, den Vorfall jemand anderem ganz sachlich zu schildern. Durch dieses Wiederabrufen kommt in uns eine Empfindung hoch, die wir versuchen sollten zu benennen. Wir werden feststellen, dass Wut in uns hochkommt, eine mehr oder minder ausgeprägte Gereiztheit oder Verärgerung, die mit dem Vorfall zusammenhängt. Diese verschüttete Wut, die in einer Schublade unseres Ichs eingesperrt wurde, ist immer noch da und durchaus real.

Ich mache diese Übung häufig mit meinen Patienten, und da ich beim Zuhören auf die Stimmlage und die Körperhaltung achte, ist es ganz leicht, die Wut in ihnen zu spüren. Da ist sie, lebendig, fühlbar und intakt, »als wäre es erst gestern passiert«, obwohl der eigentliche Auslöser Monate oder sogar Jahre zurückliegt... Allzu häufig bestehen die Abwehrmechanismen des Patienten trotz der eindeutigen Ergebnisse der Übung weiter: Die Wut ist nicht mehr so stark, wie sie einmal war, und sie scheint auch nicht mehr so greifbar zu sein, denn »all das ist ja lange her« und »es bringt nichts, in der Vergangenheit zu wühlen«, vor allem, wenn das wehtut. Der Patient reagiert also, indem er seine Wut aufs Neue verdrängt und sie möglichst schnell vergisst, was übrigens erschreckend leichtfällt!

Suzanne, eine 47-jährige Frau, litt an chronischer Müdigkeit, an Schlaflosigkeit und großer Reizbarkeit. Außerdem neigte sie dazu, sich in den Alkohol zu flüchten, mit dessen Hilfe sie laut eigener Aussage ein wenig zur Ruhe kam, vor allem am Ende eines Tages. Diese intelligente, intuitiv begabte und humorvolle Frau litt bereits seit vielen Jahren an wiederkehrenden Depressionen. Sie hatte bereits viele medizinische Behandlungen hinter sich, von denen sie auch noch abhängig geworden war (ein Medikament hier, um besser einzuschlafen, ein anderes da, um ruhiger zu werden usw.). Außerdem hatte sie bereits mehrere Psychiater konsultiert, immer vergebens. Ihre Beziehung war nicht harmonisch, und sie warf ihrem Mann dieses Unwohlsein vor. Gleichzeitig funktionierte sie aber als Hausfrau und Mutter immer perfekt.

Nach einem mehrstündigen Gespräch gab Suzanne zu, dass sie große Trauer empfand und dass sie aufgrund ihrer Ehe ständig herumnörgelte und zornig wurde, weil sie es nicht wagte, sich und ihre Ansichten durchzusetzen, denn sie hielt sich für »schwach und wertlos«. Diese negative Sicht und dieser Selbsthass schürten die ohnehin schon große Wut, die in ihr brodelte, noch weiter. Entsprechend musste sie diese im Alkohol ertränken oder mithilfe von Medikamenten unter Kontrolle bringen. Andererseits war ihr sehr wohl bewusst, dass weder Alkohol noch Medikamente die richtige Antwort auf ihre Erwartungen waren, denn die Jahre vergingen und nichts änderte sich. Im Gegenteil, die Selbstzerstörung nahm ihren Lauf. Brachte Suzanne während dieser Zeit ihren Zorn und ihre Wut zum Ausdruck? Nein, abgesehen von einigen Szenen, die sie ihrem Mann machte und während deren sie ihm übrigens nichts von ihrem großen Frust angesichts ihres unbefriedigenden Sexuallebens sagte ...

Als sie sich dieser großen Wut bewusst wurde, begann sie damit, dieselbe auszuleben, indem sie alles aufschrieb, obwohl ihr dass nur vorübergehend Erleichterung verschaffte. Eines Tages erzählte sie mir, wie zornig es sie als Kind immer gemacht hatte, zu sehen, dass ihre Mutter sich völlig stumm und devot dem Vater unterordnete, einem jähzornigen und intoleranten Mann, der wie ein Tyrann über die Familie herrschte. Da ich wusste, dass Letzterer irgendwann Selbstmord begangen hatte, fragte ich Suzanne, was sie angesichts dieses plötzlichen und unerwarteten Verlustes empfunden hatte. Völlig verblüfft sah Suzanne mich an: »Ich war sehr enttäuscht und sehr erleichtert zugleich.« Sie gab zu, dass sich hinter dieser Erleichterung Wut verbarg, sah aber nicht, was sie damit anfangen sollte, da ihr Vater ja verstorben war. Nachdem sie sich entschieden hatte, ihm schriftlich von ihrer Wut zu erzählen, und nachdem sie das auch über mehrere Stunden getan hatte, fühlte Suzanne sich stark erleichtert und längst nicht mehr so angespannt. Seither hat sie jeglichen Alkoholexzess eingestellt. Sie hat aufgehört, Medikamente zu nehmen und ist nicht mehr depressiv!

Die »vergessene« Wut gegenüber dem gewalttätigen Vater, der Frau und Tochter unterdrückt hat, hatte bei Suzanne ein reflexhaftes Verhalten gegenüber dem eigenen Mann herbeigeführt. Ihr Bewusstsein hatte diese Wut vergessen, die aber in ihrem tiefsten Innern immer da gewesen war und so große Spannungen nach sich gezogen hatte, dass Suzanne einen Großteil ihrer Jugend und ihres anschließenden Lebens darunter gelitten hatte. Es stimmt, diese Wut drängte manchmal an die Oberfläche, wurde aber von der Patientin sofort wieder verdrängt. Jedes Mal fand sie erneut eine gute Ausrede dafür, ihre Wut nicht auszuleben!

Wut zu verspüren, aber nicht auszuleben, wird von unserem tiefsten Inneren nie vergessen, selbst wenn unsere »Denke« das zu tun scheint. Was wird aus dieser Wut, sobald sie in unserem tiefsten Inneren vergraben und verschüttet wird? Sie sucht sich einen Ort, an dem sie sich einnisten und den Menschen weiter schwächen kann. Meist ist das die Leber oder die Gallenblase, doch es können auch die Bauchspeicheldrüse, der Dickdarm oder der Rücken (unterer Rücken und Lendenbereich) sein. Das führt über kurz oder lang zu leichteren Erkrankungen wie Erkältungen oder akuten Nebenhöhlenentzündungen. Es kann aber auch zu stärkeren Beschwerden wie Ekzemen, Arthritis, Diabetes oder Funktionsstörungen von Galle und Leber kommen.

Der Körper wird diese Erkrankungen melden – nicht, um uns zu bestrafen oder zu ärgern, sondern um uns daran zu erinnern, dass wir uns falsch verhalten und Entscheidungen getroffen haben, die sich gegen uns selbst richten. Vergessen wir nicht, dass unser Körper unser bester Freund ist und dass er uns nicht bestrafen, sondern uns aus Liebe zeigen will, dass wir drauf und dran sind, in die Irre zu gehen! Also versuchen wir entweder zu entschlüsseln, was er uns mitteilen will, oder wir ignorieren die Botschaft und leben weiter, ohne uns darüber Sorgen zu machen. Im ersten Fall werden wir unsere Wut endlich zum Ausdruck bringen und sehr schnell geheilt werden, im zweiten Fall bleibt das Krankheitsbild bestehen oder verschwindet zeitweise nach der Einnahme mehr oder weniger schädlicher Medikamente, um früher oder später unter gleicher Form (in diesem Moment verpasst die Medizin einem solchen Leiden das Etikett »chronisch«) oder einer erschwerten Form wieder aufzutauchen: beispielsweise als Ekzem, das sich zu einer Allergie auswächst, als Asthma oder als rheumatisches Leiden.

Peters Fall ist sehr bezeichnend. Er kam im Alter von 27 Jahren zu mir, denn er litt seit seinem dritten Lebensjahr an Asthma. Das Asthma behandelte er mit der ganzen Bandbreite an Antiasthmatika und bei akuten Anfällen mit Kortison. Er suchte mich auf, weil er weniger chemisch hergestellte Medikamente nehmen wollte und eine »natürlichere« Grundbehandlung wünschte als die bisherige. Ich ging davon aus, dass ich ihn nie mehr wiedersehen würde, nachdem ich ihm gesagt hatte, dass es einfacher und effektiver sei, sein Asthma endgültig loszuwerden, als eine neue Langzeitbehandlung zu beginnen. Das erschien ihm nämlich in der Tat fast undenkbar, zumindest aus dem Blickwinkel der Schulmedizin betrachtet ...

Doch der Patient spürte auch, dass sein Asthma nicht reines »Pech« war und dass es dafür einen Grund geben musste. Die Tatsache, dass er Asthmatiker war, hatte ihm viel Aufmerksamkeit und Liebe eingebracht. Seine Mutter, eine in Gefühlsdingen wenig mitteilsame Frau, hatte ihrem Sohn viel Aufmerksamkeit zukommen lassen müssen, um ihn zu pflegen, und sie hatte viel Kraft aufwenden müssen, damit er unter seinen Anfällen – die übrigens auch für alle Angehörigen sehr beängstigend waren – so wenig wie möglich zu leiden hatte. Eine Art Routine, ja ein fataler Kreislauf, hatte sich bei dem Patienten ausgebildet: Jedes Mal, wenn ihn etwas oder jemand verdross, drohte ein neuer Anfall. Nach dieser Feststellung hat Peter entdeckt, dass seine Anfälle mit der Verdrängung seiner Wut zusammenhingen. Seine Wut äußerte sich in Asthmaanfällen, weil er sie anders nicht herausließ.

Im Laufe unserer Gespräche hat Peter den Zusammenhang zwischen seiner Wut und seinem Asthma erkannt, erst auf intellektueller Ebene, aber nach und nach auch auf körperlicher Ebene. Er hat nämlich festgestellt, dass es ihm gelang, einen neuerlichen Anfall zu vermeiden, wenn er sich zugestand, seinen Ärger und seinen Verdruss zu äußern. Diese Entdeckung ermutigte ihn, und er fuhr fort damit, seine Wut auszudrücken. Und siehe da: Die Asthmaanfälle kamen immer seltener, um während mehrerer Monate fast ganz zu verschwinden.

Dennoch war Peter weiterhin Asthmatiker und hatte Schwierigkeiten damit, die Dauermedikation einzustellen. Aber in einem Punkt waren wir uns einig: Das eigentliche Problem, also der tiefere Grund für seine Krankheit, war noch nicht gefunden, sondern höchstens gestreift worden. Eines Abends im November kam Peter dann zu mir in die Praxis und erzählte mir, dass er erneut einen heftigen Anfall gehabt habe, der auch die Gabe von Kortison nötig gemacht hatte. Er dachte, dass dieser Anfall mit dem feuchten Herbstwetter zu tun hatte, doch ich antwortete ihm, dass ich das keinesfalls glaubte. Er müsse verstehen, was sein Körper ihm mit diesem Anfall sagen wollte, der im Übrigen nach einer monatelangen Pause aufgetreten war. Peter wollte nichts Besonderes einfallen, was diesen Anfall hätte auslösen können, bis auf einen Vorfall in der Familie, bei dem sein älterer Bruder und seine Mutter sich gestritten hatten. Der Sohn hatte seiner Mutter vorgeworfen, sich nicht genug um ihn, den älteren Sohn, gekümmert zu haben.

Peter hatte sich nicht in den heftigen Streit eingemischt und war auch nicht besonders aufgewühlt bei der Erinnerung daran. Einige Momente später gestand Peter mir, dass der Vorfall bei ihm eine Art Nachgeschmack hinterlassen hatte, ein Unbehagen, das aber nicht sehr ausgeprägt war. Ich habe ihn nicht so leicht davonkommen lassen, da ich spürte, dass sich hinter diesem Unbehagen im Gegenteil etwas Wichtiges verbarg. Peter erkannte, dass er die gleiche Wut wie sein Bruder verspürte, obwohl er dem Anschein nach doch gar keinen Grund dazu hatte, wütend auf seine Mutter zu sein, im Gegenteil! Doch man musste zugeben, dass sein Bruder Recht hatte: Ihre Mutter kümmerte sich nur um den Kranken und vernachlässigte die anderen Mitglieder der Familie.

Das Gefühlte war wieder da, aber er konnte es nicht wirklich ausleben. Was hätte Peter seiner Mutter vorwerfen sollen, wo sie sich doch so sehr um ihn gekümmert und ihm dadurch ihre Liebe bewiesen hatte? Meine Antwort war ganz einfach: »Sind sie wütend auf Ihre Mutter, ja oder nein? Fragen Sie sich nicht, ob sie das verdient oder nicht. Und fragen Sie sich auch nicht, warum Sie wütend sind. Leben Sie diese Wut ganz einfach aus! Erlauben Sie sich, diese Wut herauszulassen, und hören Sie auf mit Ihren Einwänden, also mit der Flucht und dem Leiden.«

Peter hat sich daraufhin zugestanden, diese tiefen Gefühle auszuleben, die er seit frühester Kindheit unterdrückt hatte. Indem er das tat, gab er sich das Recht, er selbst, Peter, zu sein, und nicht der Sohn einer fürsorglichen Mutter, die jedoch unfähig war, ihrem Sohn die Art Liebe zu geben, die er wirklich braucht. Da er diese so sehr ersehnte Liebe nicht bekam, ist die Wut aufgetaucht, wurde vergraben, hat sich zuerst in ein Ekzem verwandelt und nach dem zweiten Geburtstag in Asthma. Von diesem Tag an hat Peter nie wieder einen Asthmaanfall gehabt. Er ist nicht länger Asthmatiker und hat folglich jede Behandlung einstellen können! Was für eine wundervolle Leistung seinerseits und vor allem: Was für eine außergewöhnliche Schwächung findet statt, nur weil man seine Wut zum Schweigen bringt! Nicht die Wut ist der Feind, sondern die Tatsache, sie in sich zu verschließen.

Wie man Wut zum Ausdruck bringt

Diese Frage wird in meiner Sprechstunde häufig gestellt. Wir werden sehen, dass in Wirklichkeit nicht das Ausdrücken an sich Probleme bereitet, sondern vielmehr die Tatsache, dass man sich nicht das Recht zugesteht, seine Wut herauszulassen.

Zuerst einmal muss an **die zugrunde liegende Absicht** erinnert werden, denn sie ist von entscheidender Bedeutung. Wenn unsere Absicht beim Herauslassen der Wut darin besteht, einem Anderen wehzutun, dann wird die auf den Anderen projizierte Energie uns wie ein Bumerang treffen, denn sie ist negativ. Wenn unsere

Absicht aber im Gegenteil darin besteht, gut zu uns selbst zu sein, müssen wir auch keinen negativen Rückschlag befürchten. Bringt man seine Wut zum Ausdruck, sollte man ausschließlich das Ziel verfolgen, gut zu sich selbst zu sein und anderen nicht wehzutun, das ist klar. Die Wut gehört eben nur dem oder der, die sie empfinden; sie muss allein zum Ausdruck gebracht werden, angesichts ihrer selbst und für sich selbst!

Sich das Recht zuzugestehen, wütend zu sein, ist die Bedingung, ohne die es nicht möglich ist, seine Wut zum Ausdruck zu bringen. Meist neigen wir dazu, unsere Wut zu beurteilen oder zu analysieren, und sobald wir das tun, gehen wir auf Distanz zu ihr. Wir treten aus unserer Gefühlswelt heraus und überlassen uns dem Denken. Von diesem Augenblick an ist es uns unmöglich, uns auszudrücken! Stellen Sie sich nur einmal vor, Sie sind mitten im Liebesspiel. Was passiert? Sie gleiten *auf* und *in* den Gefühlen des Augenblicks, Sie geben sich ganz hin und ihr Tun ist allein Ausdruck Ihrer Gefühle, in die Sie eingetaucht sind. Wenn Sie jetzt beginnen, sich mithilfe Ihrer Denke zu beobachten, dann fangen Sie nicht nur an, sich zu beurteilen, sondern – und das ist weitaus schlimmer – Sie hören im Bruchteil einer Sekunde auf, diesen wunderbaren Augenblick zu leben.

Sich das Recht zuzugestehen, wütend zu sein, soll nicht heißen, dass Sie Recht damit haben, zornig zu sein; es bedeutet nur, dass Sie es sind, und damit basta! Es ist ja nicht zu bestreiten: Sie sind wütend! Übrigens müssen Sie sich vor den Anderen nicht rechtfertigen, denn Ihre Wut gehört Ihnen, und es kommt nicht infrage, anderen davon zu erzählen.

Es wäre äußerst unangebracht, jetzt vor anderen auszurasten. Sie müssen Ihrem Gegenüber die Botschaft kommunizieren, die hinter der Wut steckt und nicht die Wut selbst. Stellen Sie sich kurz einmal vor, ich wäre wütend auf Sie, den Leser oder die Leserin, und ich beschimpfe und beleidige Sie: Das würde bei Ihnen sofort zu einer Selbstschutzreaktion führen, die Sie daran hindern würde, mich zu hören und zu verstehen. Je nach Temperament würden Sie mich verbal oder körperlich angreifen, mich ignorieren oder zurückweisen, um sich zu schützen. Ich würde auf jeden Fall keines meiner Ziele erreichen. Ich würde nur ernten, was ich gesät habe: Gewalt und Unverständnis, mehr nicht ... Wenn ich mir aber erlaube, wütend zu sein und das an einem Ort herauszulassen, an dem ich alleine bin, und mich dann – sobald ich mich beruhigt habe – an Sie wende, um Ihnen den Grund meiner Wut mitzuteilen, würde ich bestimmt auf Gehör und Verständnis treffen.

Man könnte mir zweifelsohne entgegenhalten, dass man die Wut gar nicht erst zum Ausdruck bringen muss, wenn es gelingt, sich so weit zu beherrschen, dass die Botschaft in Ruhe überbracht werden kann. Dieses Argument ist trügerisch, denn Ihr Gegenüber hat auch eine Intuition und merkt genau, wenn Sie wütend sind. Instinktiv wird er oder sie versuchen, sich zu schützen. Ihre Botschaft wird nicht so Gehör finden, wie es der Fall gewesen wäre, wenn Sie sich vorab das Recht zugestanden hätten, Ihre Wut auszuleben.

Sie haben sich endlich das Recht gewährt, wütend zu sein? Dann tauchen Sie ein, um Ihre Wut voll und ganz zu spüren ... und in all ihrer Gewalt! Haben Sie keine Angst vor dieser Gewalt, verurteilen Sie sie nicht, versuchen Sie nicht, sie zu rechtfertigen oder zu erklären. Das würde bedeuten, dass Sie Ihre Gefühlswelt verlassen haben und wieder bei der Denke sind. Immer wieder bitte ich meine Patienten, folgende Übung zu machen: Sie müssen zu Ihrer zuletzt erlebten, jedoch nicht geäußerten Wut (Verärgerung, Verstimmung) zurückkehren und sich daran erinnern, was Sie dabei verspürt haben. Nachdem Ihre Atmung sich wieder beruhigt hat, bitte ich Sie, diese Wut zu beschreiben: Wo sitzt sie? Welche Form hat sie, welche Größe, welche Konsistenz, welche Farbe? Womit kann man sie vergleichen?

Es erstaunt festzustellen, wie vollständig eine solche Beschreibung ausfallen kann! Die physischen Eigenschaften einer Empfindung zu beschreiben, mag einem analytischen Geist verrückt erscheinen, dabei schaffen es sogar die verschlossensten Menschen in kürzester Zeit und ohne Probleme ... Sobald man die Wut dann einmal verspürt hat, stellt die folgende Etappe kein Hindernis mehr da, sondern eine Notwendigkeit, denn die Vereinnahmung durch die Wut und der von ihr besetzte Platz werden unerträglich und es bleibt allein der Wunsch, sie so schnell wie möglich loszuwerden!

Um die Emotion auszudrücken, wälzt man sie von sich. Dieses Abwälzen kann auf verschiedene Arten vor sich gehen: mit Worten, Schreien, dem Niederschreiben, mit Schlägen... vorzugsweise auf ein Kopfkissen! Jeder muss herausfinden, welcher Weg, die Wut abzuwälzen, der beste für ihn ist. Unsere Erziehung sieht nicht vor, uns das beizubringen, weshalb es anfangs schwer sein kann, diesen Weg zu erkennen. Das Innere eines Autos, ein Badezimmer, ein Wald sind zum Beispiel gute Orte, um seine Wut zum Ausdruck zu bringen. Sie steigt aus dem Bauch hoch, bevor man sie loswird, und dann breiten sich überwältigende Erleichterung und ein Gefühl des Friedens in demjenigen aus, der sich dieser Übung stellt: Dem folgt eine gewisse Müdigkeit, die aber schnell verschwindet. Sobald die Wut zum Ausdruck gebracht ist, breitet sich ein gutes Gefühl aus, denn unser Körper übermittelt uns sofort seine Glückwünsche, und das mit aller Liebe, zu der er fähig ist. Diese Botschaft ist ganz einfach. Er will uns nur sagen, dass wir uns im Ganzen wohlfühlen, wenn wir auf uns achten: Wir befinden uns in Harmonie mit uns selbst. Verspüren wir dieses gute Gefühl nicht, dann ist die Wut nicht komplett herausgekommen.

Müssen wir in unserem Gedächtnis nach jedem Moment der Wut suchen, den wir nicht zum Ausdruck gebracht haben, um ihn zu analysieren und uns so zu reinigen? Der traditionelle Ansatz der Psychoanalyse befürwortet diese Art der Selbstbeobachtung. Doch zeigt sich, dass dieser Ansatz falsch ist. Wenn wir alle unsere Wutanfälle analysieren, werden wir schnell feststellen, dass sie sich stark ähneln und dass sie sehr häufig die gleichen Auslöser haben. Man kann bei der Wut zwischen einigen Hauptkategorien unterscheiden: Man ist wütend wegen der Eltern, wegen der Arbeit usw. In Wahrheit lässt sich jeder unserer Wutanfälle fast ausschließlich einer dieser Kategorien zuordnen. So neigen wir über Jahre dazu, uns in einem Typ Wut einzuschließen, denn das Leben, das versucht, uns den richtigen Weg zu zeigen, wird uns immer wieder mit ähnlichen Situationen konfrontieren, bis wir verstanden haben.

Der Mensch trifft in seinem Leben auf zahlreiche Hindernisse, und jedes Mal, wenn er vor ihnen flieht, kommen dieselben Hindernisse unaufhörlich wieder, bis sie überwunden worden sind. Genauso kommen unsere Momente der Wut immer wieder. Sie aus unserer bewussten Erinnerung hervorzuholen, ist eine langwierige und nutzlose Sache. Er reicht ja bereits, beim zuletzt empfundenen Wutanfall richtig zu reagieren (also die Wut herauszulassen), damit alle anderen Wutanfälle gleichen Typs auch ausgeschieden werden können. Das erklärt auch, warum wir manchmal auf einen anscheinend harmlosen Vorfall, der aber gleicher Natur ist wie frühere Vorfälle, die wir heftig empfunden und verdrängt haben, mit einer Wut reagieren, die in keinem Verhältnis zu den Empfindungen des Augenblicks stehen. Es ist wichtig, dies als eine Art Mahnung aufzufassen, denn das ermöglicht uns, uns von vielen Wuterlebnissen frei zu machen, die wir nicht zum Ausdruck gebracht haben, ohne den Weg der Analyse einschlagen zu müssen. Es ermöglicht uns auch, schnell zu genesen, ohne wieder in die Vergangenheit einzutauchen. Bedingung dafür ist natürlich, dass die Aufgabe, seine Wut zum Ausdruck zu bringen, richtig angegangen wurde.

Die Trauer

Wie die Wut ist auch die Trauer eine wichtige Emotion, die häufig versteckt und folglich nicht ausgelebt wird. Die Gründe für diese Verdrängung haben ihre Wurzeln ebenfalls in unserer Erziehung. Wir wissen, dass es meistens nicht schicklich ist, seine Trauer zu zeigen, denn sie stört die Anderen und unterstreicht unsere »Schwäche«. Seine Trauer zu zeigen wird häufig mit einem Übermaß an Gefühlsduselei gleichgesetzt, mit hemmungsloser Rührseligkeit, mit mangelnder Kontrolle... Leider führt nicht ausgelebte Trauer in der Regel vordergründig zu emotionaler Gleichgültigkeit, zu

Härte gegenüber sich selbst und anderen. Die eigene Trauer nicht zu respektieren, ruft in unserem Körper eine mehr oder minder starke, negative Reaktion hervor, die proportional zur Intensität der nicht gezeigten Trauer ist.

Die Gegend unseres Körpers, in der sich nicht ausgelebte Trauer bemerkbar macht, ist der Bereich der Lungen und der Bronchien. Dazu gehört auch der Rachen. Je nach Intensität der verdrängten Trauer wird sich im einen oder anderen dieser Bereiche eine Erkrankung manifestieren: Bronchitis, Lungenentzündung, Krebs. Man könnte sich übrigens nach den wahren Gründen für Lungenkrebs fragen. Es gibt noch keine Studie darüber, aber man würde bei einer solchen gewiss entdecken, dass viele Fälle von Lungenkrebs und Bronchitis ihren Ursprung nicht im Tabakkonsum haben. Dass unterdrückte Trauer der Ursprung dieser schrecklichen Krankheit ist, davon bin ich überzeugt. Das würde auch erklären, warum es bei einer nicht zu vernachlässigenden Zahl von Patienten zu Lungenkrebs kommt, die nie geraucht oder nie in einer verrauchten Umgebung gelebt haben.

Die medizinische Wissenschaft beruft sich auf Statistiken, um einen Bezug zwischen Ursache und Wirkung bei Tabak und Krebs herzustellen. Meist stützen sich solche Statistiken auf die Register der Krankenhäuser und auf medizinische Fragebögen. Doch ist es nicht möglich, darin Antworten auf Fragen über nicht gezeigte Trauer oder Kümmernisse zu finden – aus dem einfachen Grund, weil solche Fragen von Medizinern sehr selten gestellt werden und weil Patienten dieses Thema nicht von sich aus ansprechen. Das ist höchst bedauerlich, denn man würde zweifelsohne einen weitaus größeren Zusammenhang zwischen Trauer und Krebs als zwischen Tabak und Krebs feststellen. Genauso offensichtlich erscheint es mir, dass ein Mensch, der raucht und seine Trauer nicht zeigt, mit großer Wahrscheinlichkeit an Lungenkrebs sterben wird!

Wie man Trauer ausdrückt

Auf so natürliche Weise wie möglich: durch Tränen! Diese so einfache wie natürliche Reaktion wirkt sofort und erleichtert sehr. Tränen beenden die Trauer nicht, sondern begleiten sie und mildern den Schmerz. Tränen beruhigen diejenigen sehr, die sie zulassen. Dieser wohltuende Effekt zeigt deutlich, wie unser Körper zu uns spricht: Entweder schickt er uns ein Signal, dass es ihm gut geht, wenn wir in Harmonie mit unseren Empfindungen und unserem Ich leben, oder er schickt ein Signal, dass es ihm schlecht geht, wenn wir gegen unsere Emotionen ankämpfen.

Dabei ist es sehr wichtig, zwischen durch Anspannung ausgelösten Tränen und den Tränen der Trauer zu unterscheiden. Weint man vor Anspannung, stellt sich vielleicht eine kurze, oberflächliche Erleichterung ein, doch sie hält nie an, und die Anspannung gewinnt schnell wieder die Oberhand ... bis es zum nächsten Tränenausbruch kommt. Vergießt man Tränen der Trauer, kommt es hingegen zu keinerlei Anspannung: Die Erleichterung ist sofort spürbar und der oder die Betroffene fühlt sich augenblicklich leichter. Das ist ein wichtiger Unterschied, denn viele Menschen weinen, wenn sie wütend sind, können aber keine Tränen vergießen, wenn sie traurig sind!

Stéphanie hat mit 24 Jahren eine schmerzhafte Trennung erlebt. Obwohl sie es war, die sich trennen wollte, war ihr der Entschluss doch sehr schwergefallen, und sie war anschließend sehr traurig. Stéphanie hat sich nicht erlaubt, ihre Trauer auszuleben, da sie es ja so gewollt hatte. Sie ging dann für ein Jahr nach Südamerika, um die Trennung zu überwinden und ihre Sprachkenntnisse zu verbessern. Das Leben in Südamerika war in jeder Hinsicht aufregend und abwechslungsreich.

Kaum war sie in ihre Heimatstadt zurückgekehrt, verspürte sie starke Schmerzen im linken Lungenflügel, und es wurde auch gleich eine Lungenentzündung festgestellt. Da sie keinen Grund für Stéphanies Erkrankung fanden, gingen die Ärzte von einer Virusinfektion aus. Während des Krankenhausaufenthalts litt die Patientin unter Komplikationen, und es kam zu einer Lungenthrombose. Die Behandlung wurde angepasst, und Stéphanie konnte sich aus dem Krankenhaus verabschieden.

Zu diesem Zeitpunkt habe ich sie kennengelernt. Sie war in einem kläglichen Zustand, besorgt und erschöpft von allem, was sie durchgemacht hatte. Da man keine Ursache für ihre Erkrankung gefunden hatte, kam sie, um sich von mir beraten zu lassen. Gleichzeitig fragte sie sich, ob vielleicht die Gabe zusätzlicher Vitamine ihr Immunsystem wieder stärken könnte. Nach wenigen Minuten war die Ursache für Ihre Erkrankung auch schon gefunden: Die Trauer angesichts ihrer Trennung war nie ausgelebt worden! Aufgrund ihrer Erziehung blieb Stéphanie natürlich skeptisch, doch sie hat sich trotzdem (nach einem Jahr!) daran gewagt zu trauern. Das Zulassen ihrer Trauer ging einher mit der Stärkung ihrer Immunabwehr und dem Wiedererstarken ihrer Lebensfreude. Sie hat sich vollkommen von ihrer Krankheit erholt, und das mit einer Geschwindigkeit, die selbst die Spezialisten erstaunte.

Stéphanies Fall, der leider allzu häufig ist, zeugt von den schädlichen Folgen einer nicht ausgelebten Trauer auf unsere Gesundheit. Während des gesamten Jahres, das sie weit fort von ihrer Heimatstadt und dem Mann verbracht hatte, den sie einst liebte, hatte Stéphanie sich der Illusion hingegeben, das Leben in vollen Zügen zu genießen: Sie hatte ihre Trauer absichtlich beiseitegeschoben, um sich besser »amüsieren« zu können. Trotz dieser Vorsichtsmaßnahme war bei ihrer Rückkehr alles wieder an die Oberfläche gedrungen: die Trennung, der Schmerz, die Trauer. Also hat ihr Körper ihr unverzüglich mittels der Lungenentzündung und der Lungenthrombose eine Botschaft zukommen lassen, damit sie sich endlich zugesteht auszuleben, was ausgelebt werden *musste*.

Die »Verwaltung« der Emotionen

Allzu häufig werden durchlebte, gespürte Emotionen im Anschluss analysiert und seziert – von den Betroffenen oder (was noch schlimmer ist) von den Fachleuten, die ihnen zu helfen versuchen. Das ist der Gipfel der Dummheit und der Inkompetenz! Diese rationelle und »logische« Analyse führt ganz schnell zu Aussagen wie »Sie haben Recht, das zu empfinden«, »Sie müssten das anders empfinden« oder auch »Es gibt überhaupt keinen Grund, wegen dieser Sache traurig oder wütend zu sein. Man muss das Leben so nehmen, wie es ist, und nicht zu viel Aufhebens machen.« Diese Weigerung seitens Außenstehender oder seitens der Betroffenen selbst ist höchst bedenklich, denn sie verleitet den Patienten nach und nach dazu, seine Empfindungen und damit die eigene Person zurückzuweisen. Das ist umso gefährlicher (in der Tat handelt es sich um einen schweren Behandlungsfehler), wenn diese Aussagen aus dem Munde von Therapeuten kommen, denn sie erheben sich zu Zensoren und urteilen über die Empfindungen ihrer Patienten, vergleichen sie aufgrund irgendwelcher Normen untereinander und führen verquere Kriterien ins Feld, die absolut nicht plausibel sind. In Wahrheit gestehen diese Spezialisten den Patienten, die sie angeblich heilen wollen, damit nicht einmal das Recht auf Existenz zu!

Auch ein Schlagwort wie das von der »Verwaltung seiner, eigener Emotionen« birgt große Gefahr, denn es verweist den Patienten an seine Denke, die zumeist den durch Gesellschaft und Erziehung aufgezwungenen Normen unterworfen ist und dem Patienten bestätigt, dass er gut daran tut, seine Emotionen unter Kontrolle zu halten. Folglich werden Wut und Trauer nie ausgelebt, zumindest nie voll und ganz, während die »Verwaltung« es gestattet, von den Anderen als »normal« angesehen zu werden.

Der eine oder andere gesteht mir manchmal: »Ich kann meine Wut (oder Trauer) unmöglich ausleben, solange ich sie nicht verstehe.« Muss man danach trachten, das Warum einer Emotion zu verstehen? Meine erste Reaktion würde darin bestehen, ihnen zu sagen, dass sie besser daran täten, ihre Emotionen auszuleben. Wenn sie dann noch das Bedürfnis verspüren, das Warum und das Wie zu verstehen, sollen sie es versuchen... Aber fragen wir uns, ob es uns wirklich hilft, unsere Emotionen zu verstehen, um sie auszuleben.

Wenden wir uns noch einmal dem Fall von Stéphanie zu. Sie war traurig, weil sie einen Mann verließ, mit dem sie eine ausweglose Beziehung führte, eine Beziehung, die ihren Erwartungen nicht entsprach. Was gibt es da zu verstehen? Nicht viel! Muss man die Emotion, die Trauer, sezieren und sich fragen, ob die Trauer gerechtfertigt ist, ob sie gerecht, normal oder vernünftig ist? Hätte ein anderer »normaler« Mensch genauso reagiert? Hätte Stéphanie während ihrer Kindheit oder Jugend nicht dieses oder jenes Trauma erlitten, wäre sie dann genauso traurig oder anders traurig gewesen? In meinen Augen können all diese Fragen dabei helfen, die Trauer zu verstehen, aber in Wahrheit dienen sie nur dazu, das Schweigen zu verlängern, dass sich rund um die Empfindungen eingestellt hat. Während all dieser Zeit denkt der Betroffene. Er ist seiner Denke verhaftet, was ihn aber dem Wesentlichen keinen Schritt näherbringt: seine Empfindungen auszuleben!

Eine Emotion *ist!* Sie ist eine unteilbare Einheit! Sie respektiert sich genauso wie ein Individuum, denn sie ist in uns, die wir empfinden. Sie ist nicht »verhandelbar«, sie lässt sich nicht »verwalten«! Sie muss ganz und gar akzeptiert und gelebt werden. Wenn sie nicht oder nur teilweise gelebt wird, erinnert unser Körper, der unser treuester Freund ist, uns durch eine heftige Anspannung, ein Symptom oder eine Erkrankung daran.

Jeder, der es sich herausnimmt, das Ausdrücken einer Emotion direkt oder indirekt behindert oder untersagt, macht sich einer »kriminellen Vereinigung« mit sich selbst schuldig. Wenn ein Therapeut seine Macht in diesem Sinne ausübt, verstärkt er bei seinem Patienten die bestehende Blockade, was umso schlimmer ist, als der Spezialist in den Augen des Kranken über Wissen und Kenntnisse verfügt. Solche Menschen geben vor, im Besitz der Wahrheit zu sein, obwohl die Richtigkeit ihrer Methoden nie bewiesen wurde

und alles nur heiße Luft ist. Sie zerstören mehr, als dass sie er-
leichtern, und sie verschmutzen die Gedanken ihrer Anhänger mit
»Gefühlsgiften«, die äußerst hartnäckig und schädlich sind. Jedem,
der mit diesem Typ Therapeut zu tun hat, kann ich nur raten, die
Beine in die Hand zu nehmen, solange er noch dazu fähig ist. Er
soll sich lieber einer echten Medizin der Seele zuwenden, damit
er lernt, seine Emotionen auszuleben, statt sie mithilfe der Denke
zu »verwalten«, die in vielen Fällen das Ausdrücken der Gefühle
zunichte macht.

Die Emotionen zum Ausdruck bringen

Diese Frage scheint auf den ersten Blick einigermaßen überflüssig,
doch in Wahrheit haben die meisten betroffenen Menschen genau
damit ihre Schwierigkeiten. Vergessen wir nicht, dass das Nicht-
Ausdrücken ja die Ursache der Erkrankungen ist. Was also tun,
wenn eine Emotion blockiert ist?

Zuerst einmal geht es darum anzuerkennen, dass diese Trauer
oder diese Wut existiert, ohne dass man sie aus den weiter oben genannten Motiven leugnet. Diese Etappe ist ganz entscheidend und
muss häufig in Begleitung eines Therapeuten absolviert werden.
Unter »Therapeut« verstehe ich jede Person, die einem »Anderen
zuhört«, also jeden, der die Worte des Betroffenen aufnimmt, ohne
zu urteilen oder zu kritisieren. Ein Fachmann kann natürlich die
Rolle des Therapeuten übernehmen, aber ein Freund, die Kosmeti-
kerin oder der Friseur können genauso gut als Gelegenheitsthera-
peuten fungieren.

Wie wir schon beim Thema Wut gesehen haben, bedeutet
Trauer oder Wut anzuerkennen, nicht nur zuzugeben, dass man sie
in sich trägt, sondern auch sie in seinem tiefsten Innern zu akzeptieren. Dieser Punkt ist wichtig, denn ohne diese tiefgehende Ak-
zeptanz geht das Verneinen und Leugnen weiter. Ich habe zu viele
Patienten erlebt, die intellektuell, mental und im Kopf »akzeptiert«
haben, dass sie wütend oder leicht verärgert sein können. Sie »räu-

men diese Möglichkeit ein«, verwerfen sie nicht von vornherein, was ja erfreulich ist, doch sie empfinden die Wahrhaftigkeit dieser Emotion nicht in ihrem tiefsten Innern. Anschließend flüchten sie sich in die Verneinung und bieten alle möglichen und vorstellbaren Ausreden auf, um dem Therapeuten zu erklären, dass es ihnen gar nichts nützt, ihre Emotionen auszudrücken ...

Nehmen wir das Beispiel eines Patienten, der an einem Reizdarm litt und dem es nicht gelingen wollte zu erkennen, dass er angesichts einer tyrannischen und vereinnahmenden Mutter Wut empfand. Ihn aufzufordern, diese zum Ausdruck zu bringen, war illusorisch, da er sie ja nicht als solche empfand. Außerdem konnte er sich aufgrund seiner Erziehung nicht vorstellen, seine Wut gegenüber einer betagten und respektierten Mutter auszudrücken. Kurz, wir kamen überhaupt nicht weiter. Wie so häufig ist dieser Patient mir zu Hilfe gekommen, indem er mir den Schlüssel zu seinen Problemen geliefert hat. Als er einmal zu spät in die Sprechstunde kam, erzählte er mir, dass ihm ein anderer Autofahrer seinen reservierten Parkplatz weggenommen hatte und dass er ausgestiegen war, um ihn darauf aufmerksam zu machen, doch dieser hatte ihm die kalte Schulter gezeigt und war einfach gegangen ... Er war sichtlich verärgert über das Vorgefallene, und ich fragte ihn, wie er reagierte, wenn er allein in seinem Auto saß und ein anderer Fahrer ihm den Weg abschnitt. Höchst verlegen antwortete er, dass er so jemanden mit allen Schimpfwörtern bedachte, die ihm einfielen, und musste zugeben, dass ihm das sehr guttat und er dann vor allem an dem Vorfall nicht Stunden oder sogar Monate lang zu knabbern hatte! Aufgrund dieses Beispiels, das er selbst durchlebt hatte, erkannte er, dass man weder ein Gegenüber brauchte noch sich selbst schadete, wenn man seine Wut zum Ausdruck brachte. So begann er, die Wut auf seine Mutter herauszulassen, was ihn ungemein erleichterte.

Eine Emotion in ihrem ganzen Ausmaß zu akzeptieren bedeutet, Kontakt mit dieser Emotion aufzunehmen. Wir empfinden sie, wenn wir bis ins Zentrum vorrücken, also in unseren Bauch. Denn da sitzt sie, nicht in unserem Kopf! Sie ist fast tastbar, wenn wir sie wirklich spüren. Häufig ist sie sehr stark, schmerzhaft und stechend. Sie zu spüren bedeutet anzuerkennen, dass wir diese Emotion in uns haben. Jeder kann das tun und hat es auch bereits getan, und zwar von frühester Kindheit an.

Sobald man sie einmal anerkannt hat, muss man die Emotion auch akzeptieren. Diese Etappe ist häufig ein weiterer Moment, in dem Blockaden auftauchen können. »Stimmt, ich bin wütend, aber die Wut ist nicht so wichtig, sie kann kein großes Leid erzeugen. Sie existiert, aber ...« Diese Sichtweise ist sehr verbreitet. Sie ist ein Teil der Verneinung unserer Emotionen und folglich unserer selbst. Einmal mehr handelt es sich um einen kompletten Mangel an Liebe zu sich selbst. Stellen wir uns doch einmal folgende Frage: Unser bester Freund sucht uns auf und erzählt uns, er sei traurig. Was werden wir ihm sofort raten? Seine Trauer zu vergessen, indem er sich im Kino eine Komödie anschaut, oder sich auszuweinen und so etwas Gutes zu tun, wobei wir ihm zur Seite stehen? Warum sollen wir nicht wirklich sein bester Freund sein und ihm erlauben, seine Trauer zu empfinden?

Sobald eine Emotion einmal akzeptiert ist, muss sie zum Ausdruck gebracht werden! Ohne diesen letzten Schritt ist die Heilung unmöglich und illusorisch. Das Ausleben ist der einzig mögliche und notwendige Weg. Nur dadurch können wir die Emotion aus uns herausholen und uns von ihr befreien. So wird es der blockierten Energie in uns möglich, wieder in Fluss zu kommen. Dieses Fließen der Energie ermöglicht wiederum die Heilung, denn die Wurzel des Übels ist jetzt ausgerissen. Dieses Aus-sich-Herausholen ist ganz wesentlich, denn es allein ermöglicht, die Emotion loszuwerden.

Nehmen wir ein Beispiel: Beim Essen bekleckert jemand aus Versehen sein Hemd. Was tun? Den Fleck mit einer Hand abdecken, damit die Anderen ihn nicht sehen? Ihn ignorieren, indem man versucht, nicht daran zu denken, und hoffend, dass der Fleck früher oder später von allein verschwindet? Ihn analysieren und versuchen, den Grund für diesen Fleck zu verstehen, seine tiefere Ursache, seine Bedeutung in metaphysischer Hinsicht? Sich stundenlang einem Psychiater gegenüber niederlassen, um zu anderen Flecken zurückzukehren, die man bereits in der Kindheit bekommen hat, oder zu seinen Eltern, die einem nicht beigebracht haben, wie man richtig isst? Solange das Hemd nicht gewaschen wird, bleibt der Fleck sichtbar. Jeder andere Ansatz ist – so interessant er in intellektueller Hinsicht auch sein mag – zum Scheitern verurteilt und bedeutet einen großen Zeit- und Energieverlust.

Wie der Fleck, so bleibt auch jede Emotion in uns, wenn sie nicht ausgelebt wird. Sie schadet uns weiter und nimmt Teil am Prozess des Nicht-Genesens. Doch der geschätzte Leser sollte sich von dem Vergleich zwischen einer Emotion und einem Flecken nicht täuschen lassen! Eine Emotion ist, wie wir bereits gesagt haben, etwas sehr Nobles, und das Leben würde ohne sie nicht existieren. Doch sie will und muss ausgelebt werden, man darf sie nicht in sein tiefstes Inneres verbannen. Und vor allem: Sie muss im Hier und Jetzt ausgelebt werden und nicht erst Jahre später!

Kapitel 3
Das Hier und Jetzt

Auf welche Art lebt man am besten?
Eine sehr gute Antwort auf diese Frage lautet:
Wir sollten besonderen Nachdruck auf den gegenwärtigen
Augenblick legen, einfach auf das unmittelbare
Hier und Jetzt, den exakten Punkt, an dem wir leben und
über den wir direkten und sofortigen Einfluss haben.[2]

Tulku Thondup

Jede Krankheit hat noch andere Komponenten, andere Begleiter, die Angst, die Furcht, die Panik und die Schuldgefühle. Abgesehen von den Schuldgefühlen gehören alle in dieselbe Rubrik, denn sie bezeichnen die gleichen Empfindungen, nur die Intensität variiert.

Angst und Furcht

In manchen Augenblicken bemächtigt sich unser ein irrationales Gefühl. Das geschieht bei der Vorstellung, eine Katastrophe könne über uns hereinbrechen, die wir nicht überleben würden. Manchmal ist diese Angst ganz unbestimmt und wächst sich zu echter Furcht aus. Sie kann jeden Moment ohne Vorwarnung auftauchen, ohne ersichtliches Motiv oder konkrete Ursachen. Man kann sie morgens beim Aufwachen verspüren, mitten in der Nacht oder zu anderen Tageszeiten. Wenn wir eine solche Angst oder Furcht verspüren, ist unser Körper eingefallen, verkümmert und in sich zurückgezogen. Kurz: Wir verspüren eine Anspannung, die ganz tief in uns wurzelt, die uns bedrängt und sich in uns ausbreitet. Die Beschreibungen solcher Zustände sind sehr unterschiedlich, doch alle schildern eine mehr oder weniger ausgeprägte **Anspannung,** deren Folgen für den Körper stark variieren können: Beklemmung, ein Kloß im Hals, alle Arten von Schmerzen in verschiedenen Körperteilen, Sodbrennen, verkrampfte und verspannte Muskeln usw. Einem Menschen, der unter einer solchen Anspannung leidet, geht es nicht gut, und er wird versuchen, sich zusammenzureißen. Doch etwas, das stärker als er selbst ist, geht ihm nicht aus dem Kopf (und hat eventuell körperliche Folgen).

Wie man mit seiner Furcht und seinen Ängsten umgeht

Die »traditionelle« Methode

Sie besteht darin zu kämpfen, und zwar ohne genau zu wissen wogegen, und ohne den wahren Ursprung dieser Gefühle zu ergründen. Dieser Methode steht eine ganze Palette an Chemiekeulen zur Verfügung: Antidepressiva, Beruhigungsmittel usw. Irgendwann werden die Psychiater den Weg des Kranken kreuzen und ihm »helfen«, zum Ursprung seiner Probleme vorzudringen. Sie durchforsten mit ihm seine Vergangenheit, um die Ursachen für sein Unwohlsein zu verstehen, wobei man immer – falls es nötig erscheint – Medikamente zu Hilfe nehmen kann.

Unterm Strich verleugnet diese Methode alles, was im Patienten vorgeht. Sie setzt auf Widerstand und bereitet der Denke einen nahrhaften Boden. Sie geht davon aus, dass ein Körper, der sich so ausdrückt, zum Schweigen gebracht werden muss, indem sie ihn mit Medikamenten und schönen Worten niedermacht und indem sie eine Rückkehr in die Vergangenheit erzwingt, um das Warum des Leidens zu erklären! Diese Methode kann zuerst einmal positive Ergebnisse erbringen, denn der Körper wird verstummen, zumindest vorübergehend und an der Oberfläche, da er ja von Medikamenten niedergemacht wurde. Sobald der Patient aber aufhört, diese Medikamente zu nehmen, tauchen die Probleme mit der gleichen Heftigkeit oder noch stärker wieder auf.

Jean kommt eines Tages zu mir in die Praxis und zählt mir eine beeindruckende Liste von Medikamenten auf, die er seit Jahren nimmt. Sie helfen ihm dabei zu leben, und zwar »so gut, wie es unter den Umständen möglich ist«. Zehn Jahre zuvor war er beim Haschischrauchen Opfer eines heftigen Panikanfalls geworden, und seither leidet er unter Angstzuständen, Klaustrophobie und Panikattacken. Sie sind zu unvermeidlichen Begleitern seines Alltags geworden. Zum damaligen Zeitpunkt war er 18 Jahre alt. Seither hat er verschiedene Psychiater konsultiert, die ihm nach seinen eigenen Worten dabei geholfen haben, »sich selbst viel besser zu verstehen«. Er »managt« seine Angstzustände und seine Panikattacken mithilfe von Medikamenten. Er kann sich jetzt »zusammenreißen«, worauf er zu Recht stolz ist, denn er lebt heute fast wie ein normaler Mensch und kann wieder Auto fahren, was in seinem Beruf sehr wichtig ist. Er erzählt mir, wie er es seit einigen Monaten schafft zu reisen: Er fährt antizyklisch, nimmt nur ein Xanax und macht Pause, sobald sich der Verkehr staut, denn das löst bei ihm Panik aus... Trotzdem fragt er sich, wann er wieder »normal und ohne Medikamente« leben wird.

Er managt sein Leben so gut es geht und fühlt sich dabei wohler als zu den Zeiten, in denen er nur noch Panik hatte. Jean kann mir seine Anfälle detailliert beschreiben und mir erklären, dass der Ursprung seiner Angstzustände in seiner frühen Kindheit liegt, bei einer überfürsorglichen Mutter und einem fast immer abwesenden Vater. Er hat seinen Frieden mit ihnen gemacht und ihnen verziehen ... Er erwartet nun von mir, dass ich die Dosierung seiner Medikamente nach und nach reduziere und sie durch einige natürliche Substanzen ersetze. Entsprechend überrascht ist er, als ich ihm dringend davon abrate, das zu tun, solange das eigentliche Problem nicht wirklich beseitigt ist. Denn in meinen Augen geht es Jean besser als zuvor, doch das Wesentliche ist nicht getan! Was will sein Körper ihm denn mit den Panikattacken sagen, auch wenn er sie jetzt besser erträgt?

Ein anderer Ansatz ist nötig

Versuchen wir zu verstehen, was der Körper uns mit diesen Ängsten und dieser Furcht sagen will. Wieder einmal überbringt unser bester Freund, unser Körper, der uns noch nie im Stich gelassen hat, eine einfache und klare Botschaft, einen Liebesbeweis, und kein Urteil oder einen Gedanken, welcher der Angst entgegensteht. Was sagt er uns? Er vermittelt uns die Botschaft von der Anspannung, nichts weiter.

Um zu verstehen, was es mit dieser empfundenen Anspannung auf sich hat, nehmen wir einmal das Beispiel eines Gummibandes. Wenn man es mit einer Hand hält, ist es schlaff, weich und bar jeder Spannung. Um das Gummiband zu spannen, muss man sich der anderen Hand bedienen, muss eine Kraft ausüben, die einen Gegenzug zur ersten Hand darstellt. Solange diese entgegengesetzte Kraft nicht da ist und nicht ausgeübt wird, gibt es auch keine Spannung. Unser Körper kann mit diesem Gummiband verglichen werden: Solange wir wir selbst sind, unsere Qualitäten nutzen, uns auf unsere Empfindungen konzentrieren und im Hier und Jetzt leben, folgen Harmonie, Freiheit und Wohlbefinden. Sobald wir aber beginnen, uns im Vergleich zu anderen zu sehen oder eine Regel befolgen, die nicht die unsere ist, sobald wir an die Vergangenheit oder die Zukunft denken, tritt das Gegenteil ein und sofort wird eine Anspannung spürbar. Jede wahrgenommene, empfundene Anspannung ist nichts weiter als eine Botschaft unseres Körpers, der versucht, uns mitzuteilen, dass wir uns zu sehr verraten, dass wir uns nicht respektieren, kurz: dass wir nicht wir selbst sind, also ein Wesen des Lichts voller Liebe (zu uns und zu anderen) und voller Frieden. Eine Anspannung will uns sagen: Du lebst gerade nicht, du bist nicht.

Aber wann lebt man?

Gestern, heute oder morgen? Die Antwort ist einfach: Wir leben jetzt, einzig im Hier und Jetzt. Alles andere sind Erinnerungen und Gedanken. Wir empfinden nur im Jetzt etwas, nicht in der Vergangenheit und nicht in der Zukunft. Wir erinnern uns an die Empfindungen, die wir gestern hatten, aber wir leben sie schon nicht mehr. Wir denken daran, was wir gleich oder morgen spüren und erleben werden, aber wir können nichts empfinden, denn wir empfinden nur im Hier und Jetzt etwas. Wenn wir aber pessimistisch und albtraumartig an morgen denken, verspüren wir sofort eine Anspannung, die wir »Angst«, »Furcht« oder »Panik« nennen. In Wirklichkeit handelt es sich dabei aber nur um eine Anspannung, die mehr oder minder intensiv darauf hinweist, dass wir schon nicht mehr in der Gegenwart sind. Wir sind also nicht mehr dabei, zu sein, zu leben, sondern wir denken … an die Zukunft.

Diese von unserem besten Freund überbrachte Botschaft ist ein Liebesbeweis, den man respektieren und auf den man hören sollte. Sie ist keine quengelnde Stimme, die mit allen Mitteln zum Schweigen gebracht werden muss! Diese Feststellung zieht eine neue Aufmerksamkeit unserem Körper und seinen Botschaften gegenüber nach sich und bringt uns dazu, unseren Fehler so schnell wie möglich zu korrigieren. Unser Ziel wird jetzt darin bestehen, in die Gegenwart zurückzukehren und nicht mehr zu denken, und nicht zu denken, dass das, was wir gerade denken, falsch oder überhaupt nicht plausibel ist. Meist ist es nämlich so, dass diese Art Gedanken andere Gedanken nach sich zieht und so den Teufelskreis fortsetzt.

Aber zurück zu Jean und seinen Panikattacken. Diese werden, wie wir gesehen haben, körperlich als heftige und unangenehme Anspannung empfunden und bedeuten, dass Jean sich selbst verrät. Er respektiert nicht, was er im Hier und Jetzt empfindet, er ist in seiner Denke gefangen und hält keinen engen Kontakt zu sich selbst. Er denkt und vergisst einfach zu sein, er gibt dem Intellekt den Vorzug vor seinen Empfindungen. Er lebt also in der Zukunft, weil er versucht vorherzusehen, was ihm alles (Unangenehmes) widerfahren könnte, und nicht in der Gegenwart: Er sieht sich bereits unterwegs auf der Straße, obwohl er noch zu Hause gemütlich in seinem Sessel sitzt!

Welche Botschaft steckt hinter der Angst und der Furcht?

Die von Angst und Furcht erzeugten Spannungen sind Botschaften, die unser Körper uns schickt, um uns zu sagen, dass wir in der Zukunft sind, dass diese Daseinsweise falsch ist und dass wir unverzüglich ins Hier und Jetzt zurückkehren müssen, den einzigen Moment, den wir leben können. Auf die gleiche Art sagen uns die Spannungen, die mit Schuldgefühlen zusammenhängen, dass wir in der Vergangenheit sind, und das bedeutet zu vergessen, dass sie niemand ändern kann und dass dieser Rückzug nichts Positives und nichts Konstruktives hat.

Über diesen Umweg will unser Körper erreichen, dass wir wieder Kontakt mit unserem inneren Wesen aufnehmen, unserem innersten Kern. Die Angst hat ihren Ursprung im Verrat an diesem Kern. Wenn wir nicht mehr in Beziehung zu uns selbst leben, sondern uns in Bezug auf andere und über Äußerlichkeiten definieren, verlieren wir den Kontakt mit unserem Kern und machen uns das Bezugssystem anderer zu eigen. Wir fangen an, die Zustimmung anderer zu suchen, wozu auch gehört, dass wir ständig denken müssen. Sich die Anerkennung anderer zu wünschen bedeutet in der

Tat, deren zukünftige Reaktionen auf unsere Taten, unsere Aussagen und unsere Haltungen vorauszusehen.

Dieses Verlangen, von anderen geliebt zu werden, wird von der Angst geschürt und führt unweigerlich zu ihr zurück. Außerdem treibt uns dieses Verlangen pausenlos dazu, die Geschehnisse und unsere Umwelt kontrollieren zu wollen: Die logische Folge davon ist Angst! Angst davor, dass diese Kontrolle nicht so vollkommen ist, wie wir es gern hätten, Angst davor, die Zustimmung der Anderen zu verlieren. Machtgier, Gefühle der Über- und Unterlegenheit, Eifersucht und Neid entstehen aus dem Verrat an und dem mangelnden Respekt für sich selbst. Wer unbedingt anerkannt werden will, zwingt sich selbst dazu, Äußerlichkeiten wie einer angesehenen Stellung oder großem Reichtum eine überhöhte Bedeutung beizumessen, obwohl es sich dabei nur um vergängliche Zustände des Nichtseins handelt. Sobald diese Elemente nämlich nicht mehr existieren, bleibt nichts übrig außer einer totalen Leere. Die Angst davor, in diese Leere zu fallen, steigt dadurch ins Unermessliche, und der Kontrollzwang wird umso größer. So entsteht ein Teufelskreis, und nur eine Rückbesinnung auf sich selbst, also auf eine geistige Gefasstheit, erlaubt es uns, Ruhe und Ausgeglichenheit wiederzufinden. Der innerste Kern ist nämlich frei; er vergleicht sich nicht mit anderen; es reicht ihm, da zu sein, und zwar in der Gegenwart; er ist ganz bescheiden und natürlich. Er respektiert sich und demzufolge auch die Anderen, denn er weiß, dass sie wie er sind und mehr oder weniger über gut genutzte und ausgeschöpfte Energien und Informationen verfügen.

Jean hat verstanden, dass er seine wahren Emotionen bis zum jetzigen Zeitpunkt unter Kontrolle gehalten hatte. Aus Angst davor, nicht so geliebt zu werden, wie er es sich wünschte, sah er sich gezwungen, die Maske des »problemlosen« Sohnes überzustreifen, ruhig, ausgeglichen, ohne jegliche Erziehungsprobleme für seine Eltern. Dadurch hat er sich selbst verloren, und das Haschisch hat die hohen Hindernisse eingerissen, die sich seit Jahren vor ihm auftürmten. Es hat ihm auch die Größe seiner Trauer und seiner Wut angesichts seiner Haltung vor Augen geführt. Als ihm das bewusst geworden war, konnte Jean seine Wut und seine Trauer ausleben und sich von seinen Ängsten und seiner Panik befreien. Er nimmt keine Medikamente mehr und braucht auch sonst keine wie auch immer gearteten Hilfen!

Man sieht, dass unser Körper uns – im Gegensatz zu unserer Denke – mittels dieser Spannungen immer wieder ins Hier und Jetzt zurückbringt. Sobald wir diesen gegenwärtigen Moment verlassen, erinnert er uns daran, dass wir weder in der Vergangenheit noch in der Zukunft leben, sondern heute! Er sagt zu uns: »Lebe und höre auf, daran zu denken, was dir zugestoßen ist oder morgen zustoßen könnte! Denk nicht mehr an gestern: Lebe den Tag!« Er übermittelt uns noch eine andere wesentliche Botschaft, die logische Folge: »Lebe, was du empfindest, und höre auf zu denken!« Wir können nicht gleichzeitig denken und empfinden: Das schließt sich aus. Ich pflege meine Patienten an Folgendes zu erinnern: Wenn sie sich gut fühlen, während sie Musik hören, Sex haben, einer Unterhaltungsshow folgen oder eine Landschaft betrachten, dann deshalb, weil sie nicht denken – sie empfinden. Wenn in solchen Momenten das Denken dazwischenfunkt, können wir den Augenblick nicht mehr genießen, und danach sind wir dann unfähig, uns daran zu erinnern, was wir gesehen, gehört oder getan haben, und außerdem fühlen wir uns schlecht und angespannt.

Das Hier und Jetzt leben: wesentlich für eine gute Gesundheit oder eine erfolgreiche Heilung

Erinnern wir uns an das Kind, das wir alle einmal waren. Es lebt ganz in der Gegenwart. Es weiß nicht, was morgen ist oder gestern oder später. Es will sofort ein Eis und nicht erst morgen! Es wird das übrigens mit Tränen und Geschrei kundtun, bis es das Eis bekommt oder angeherrscht wird. Versuchen Sie einmal, ihm zu erklären, dass es das Eis morgen bekommt. Es versteht Sie nicht, denn diese Vorstellung ist ihm vollkommen fremd. Es wird Jahre brauchen, um sich einen Begriff von der Zeit zu machen, der mehr umfasst als das, was zum Leben notwendig ist: einen Begriff, der über die Gegenwart hinausreicht. Erst durch die »Erziehung« wird es diesen Zeitbegriff allmählich verstehen lernen, bei dem es sich doch nur um Konstrukte unseres ach so brillanten Gehirns handelt! Es ist übrigens interessant, dass uns die Theorie von der Relativität der Zeit, nachdem wir so viel Zeit damit verbracht haben, die Vorstellung von einer Vergangenheit und einer Zukunft zu verinnerlichen, gezeigt hat, wie sehr die Zeit in Wahrheit einem variablen, labilen und folglich höchst intellektuellen Begriff gleicht!

Was bedeutet »im Hier und Jetzt leben« für den Alltag? Bedeutet es, nichts mehr zu planen und all seinen Gelüsten nachzugeben, all seinen Instinkten? Im Hier und Jetzt leben soll nicht heißen, das Denken sein zu lassen oder seine Intelligenz abzustellen, ganz im Gegenteil! Man selbst zu sein und in der Gegenwart zu leben verschafft uns Lebensfülle, Lebensfreude und Harmonie. Sich gegenüber sich selbst gehen zu lassen bedeutet nicht, seinen Instinkten nachzugeben, sondern loszulassen. Es heißt auch, zu akzeptieren, was ist und was wir in unserem Innern sind, nämlich gut und voller Qualitäten.

Das Denken ist nur ein Teil im Dienste des Ganzen, und nicht einmal der wichtigste. Es leitet und ehrt alles, was die Anderen ihm beigebracht haben, und es leugnet alles, was nicht Argumentation und Ratio ist. Das Denken muss jedoch im Dienst des menschlichen Strebens stehen und nicht umgekehrt. Das Denken organisiert zum Beispiel die Reise, auf die wir Lust haben, aber beschlossen hat es die Reise nicht. Das Denken handelt wie die Arme, die Beine und alle anderen Körperteile. Es bereichert denjenigen, der es nutzt, und trägt zu seiner Ausstrahlung bei: Es ist ein nützliches Werkzeug und kein Selbstzweck.

Leider führt Denken meist nur zu Problemen und Spannungen! Meist kreisen unsere Gedanken nämlich tatsächlich »um sich selbst«, wir denken nicht zielgerichtet. Unsere Denke schwingt sich in Richtung Zukunft auf und erfindet ein katastrophales oder idealisiertes Szenario, doch die Realität sieht jedes Mal ganz anders aus. Wir sehen zum Beispiel vorher, dass wir heute Abend eine sehr schöne Zeit haben werden, denn um 22 Uhr wird das geliebte

Wesen unserem Charme erliegen. Doch dann kommt es zu spät, erliegt unserem Charme nicht oder in letzter Minute kommt ihm etwas dazwischen und es sagt ganz ab!

Um uns davon zu überzeugen, wie nutzlos es ist, an die Zukunft zu denken, müssen wir nur all die Male zählen, die wir folgende Überlegungen gehört haben: »Nie hätte ich gedacht, dass es so kommt« oder »Das ist das Letzte, woran ich gedacht hätte!« Die meiste Zeit über denken wir nämlich das Falsche! Unser Gehirn ist nicht so brillant, wie der Mensch es gerne hätte. Es ist unfähig, zwischen drei Möglichkeiten zu wählen. Es gleicht einem Rechner, der im Lauf der Ausbildung mehr oder weniger gut programmiert wurde. Es empfindet nichts und arbeitet rein analytisch. Es ist fähig, plus und minus zu rechnen, aber es ist ein armseliger Begleiter, wenn es darum geht auszuwählen. In meinen Augen ist der berühmte Satz von Descartes »Ich denke, also bin ich« eine der größten Dummheiten, die das 17. Jahrhundert hervorgebracht hat. Leider sind immer noch viele unter uns von der Großartigkeit dieses Postulats überzeugt.

Ich pflege meine Patienten immer mal zu fragen: »Wenn Sie morgens aufstehen, fragen Sie Ihre rechte Hand dann, wozu sie heute Lust hat?« Warum sollte man das also mit seinem Gehirn machen? Doch dieses Gehirn, mag es auch noch so begrenzt und ein so schlechter Ratgeber sein, wird zu einem unersetzlichen Instrument, wenn es in den Dienst des Wesens gestellt wird, das wir sind, genau wie jeder andere Körperteil auch. Vergessen wir aber nicht, dass es weder das Gehirn noch die rechte Hand sind, die entscheiden, sondern der Mensch. Er entscheidet und koordiniert seine Handlungen, er delegiert auch einen Teil ans Gehirn. Dann ist der Rechner besonders leistungsfähig, denn er wird von einem intelligenten, sensiblen, intuitiven und kreativen Wesen bedient. Dieses Wesen mit all seinen Wünschen bedient den Rechner und verlangt von ihm, bestimmte wichtige Aufgaben auszuführen.

Etwas zu »planen« ist nicht zu verwechseln mit den »um sich selbst kreisenden Gedanken«. Wenn wir etwas planen, nutzen wir unser Gehirn mit dem Ziel, ein Geschehnis oder eine Handlung vorzubereiten, die wir erleben oder durchführen wollen. Was ist ein Plan oder Projekt, wenn nicht die Projektion eines Wunsches, den wir jetzt haben, aber später erfüllen? Wenn wir einen Wunsch empfinden, der aus unserem Innersten kommt (und nicht aus unserem Gehirn!), stellen wir doch unser Gehirn in seinen Dienst, damit er sich erfüllen kann. Dieser Akt des Denkens ist ein ganz anderer als der, welcher unsere Ängste schürt. Denn ein solches Projekt ist ein Wunsch im Hier und Jetzt, den wir mithilfe unseres Gehirns organisieren, weil wir das Ziel haben, ihn eines Tages (vielleicht!) auszuleben.

Das Wohlbefinden, das unser Körper dabei verspürt, zeigt uns, dass wir keine Anspannung empfinden, wenn wir planen, dieses oder jenes zu tun. Meist sind wir dann ausgeglichen und verspüren eine angenehme Aufregung. Wenn wir uns aber vorstellen, dass wir morgen etwas Bestimmtes erleben, empfinden wir entweder ein künstliches Wohlbefinden (im Falle eines Tagtraums) oder Anspannung (im Falle eines Albtraums), oder auch erst das eine und dann das andere. All das ist ganz einfach, vorausgesetzt, wir achten auf uns selbst!

Im Hier und Jetzt leben bedeutet folglich, seine Gedanken nicht »um sich selbst kreisen« zu lassen, also nicht nutzlos zu denken. Das zu verstehen bedeutet, zu den Empfindungen unserer wahren und angeborenen Intelligenz zurückzukehren. Wir leben ja nicht nur durch das Denken, wir sind viel mehr als das. Unsere Existenz umfasst viel mehr Fähigkeiten als das Denken allein, denn es ist nicht die Intelligenz, die Glück, Freude oder Trauer empfindet. Natürlich ist das Denken da, aber es steht im Dienst unseres innersten Strebens. Das Gehirn ermöglicht die Kommunikation und besitzt noch viele andere Fähigkeiten, dennoch ist es nicht das Zentrum des Menschen. Um sich davon zu überzeugen, reicht es, seinen Platz im menschlichen Körper zu betrachten!

»Hier und jetzt leben« im Alltag

Der Ausdruck »leben« enthält so viele Bedeutungen, dass es sehr schwierig wäre, ihn mit wenigen Worten zu erklären! Versuchen wir dennoch unser Glück. Es geht um eine Einheit aus Emotionen, Sinnesempfindungen und Intuition. Die Intuition ist kein Gedanke; sie ist eine Empfindung, die aus der Tiefe unseres Ichs kommt, die uns warnt, uns leitet, uns bestimmte Sachen oder bevorstehende Vorfälle ahnen lässt. Die Intuition ist die Antithese zu den »um sich selbst kreisenden Gedanken«, sie gehört zu den zahlreichen Empfindungen, die in uns wohnen und dazu beitragen, dass wir »sind«. Leben bedeutet, dass wir in Kontakt mit allen unseren Empfindungen stehen. Dieser Kontakt kann nur im Hier und Jetzt zustande kommen! Wir leben nicht morgen, nicht gestern und auch nicht gleich! Das Leben ist eine Abfolge von gegenwärtigen Momenten, in denen wir fühlen, handeln, reden und denken. Diese Phänomene zusammen machen das Leben aus, das mehr oder weniger intensiv sein kann, je nach den Zutaten, die uns zur Verfügung stehen, und denen, die wir nutzen möchten.

Bei diesen Zutaten handelt es sich um die Qualitäten, die inneren Kräfte, die uns seit der Geburt zur Verfügung stehen und die wir bis zu unserem Tod besitzen. Diese Qualitäten, auf die man bei jedem Lebewesen trifft, sind in ihrer Intensität und Verteilung veränderlich, wodurch das Besondere eines jeden Lebewesens entsteht. Ihre Nutzung oder Nichtnutzung im Alltag entscheidet über unser Glück und unseren Gesundheitszustand. Zu leben wird folglich auch von der Art bestimmt, wie wir dieses Potenzial nutzen. Wenn wir es ganz ausschöpfen, empfinden wir schöpferische Fülle, Harmonie und inneren Frieden, und alles zusammen nennen wir »Glück«. Wenn wir dieses Potenzial aber nicht ausschöpfen, werden wir Spannungen empfinden und unglücklich sein (was nicht bedeutet, dass wir traurig sind!).

Angesichts dieser Bemerkungen würden einige vermutlich entgegnen, dass all das ja sehr schön sei, dass das Leben aber unvorhergesehene Situationen bereithalte, die »unglücklich« machen und zwingen, von ihrem innersten Kern, der Nicht-Denke, abzurücken. Diese Leute haben durchaus Recht: Das Leben ist nicht immer rosig, und es bringt uns einiges an Schwierigkeiten. Es kommt nicht infrage, vor dieser Erkenntnis Reißaus zu nehmen. Stattdessen müssen wir schmerzlichen Erlebnissen mit unserem großen Potenzial begegnen. Wenn die Gegenwart schwierig ist, wird es umso wichtiger, sie zu »leben«, denn genau in diesen Augenblicken müssen unsere Empfindungen wach sein, um in uns selbst die nötige Kraft zu finden.

Wenn wir uns aber dafür entscheiden, in Abhängigkeit von diesen Problemen zu handeln, also wenn wir anhand dieses Moments entscheiden und nicht länger auf uns selbst schauen, dann verlieren wir unsere Identität und sind nur noch Menschen, die kämpfen. Wir verlieren dann viel Energie, provozieren Blockaden und sind unglücklich, furchtsam usw. Über diesen Umweg versucht unser Körper, uns eine Botschaft zu übermitteln: »Du bist nicht mehr bei dir selbst. Du bist dabei, dich zu vergessen, und das zugunsten von etwas, das nicht du bist. Lebe, was du angesichts dieses Ereignisses empfindest: Trauer und Wut. Höre auf zu denken und akzeptiere, voll und ganz das zu leben, was du empfindest!« Nichts in unserem tiefsten Inneren wird uns dazu verleiten, dieses Ereignis zu vertuschen, unser Innerstes wird uns vielmehr dazu drängen, es seinem Wesen nach auszuleben, also mittels unserer Empfindungen und nicht mittels unserer Denke!

Sylvie arbeitete seit einigen Jahren in einem internationalen Konzern. Sie war ständig müde, litt unter Schlaflosigkeit und unter chronischem Sodbrennen. All diese Symptome hatte sie seit etwa zwei Jahren, seit in ihrem Unternehmen ein Gerücht über die eventuelle Fusion mit einer Firma aufgekommen war, deren Geschäftssitz in einem anderen Land lag. Sie fürchtete um ihre Stelle und wollte die Stadt nicht verlassen, in der sie lebte. Regelmäßig wurde sie von Angstzuständen heimgesucht, mit dem entsprechenden Gefolge an Problemen und Erschöpfung.

Sylvie war klar, wie nutzlos es war, über ein Ereignis nachzudenken, das noch nicht eingetreten war, doch sie »konnte nicht anders«. Was wollte ihr Körper ihr sagen? »Bravo, das ist gut, du bist ganz bei dir und lebst im Hier und Jetzt?!« Sicher nicht, wenn man den Symptomen Glauben schenkt. Ihr bester Freund gab ihr eindeutig zu verstehen, dass sie in die Gegenwart zurückkehren sollte, um zu leben, was sie verspürte, und um sich glücklicheren Tagen hinzugeben.

Also hat Sylvie begonnen, Entspannungsübungen zu machen, was ihr lange Zeit geholfen hat, ihre Probleme zu verringern und nicht mehr an diese hypothetische Zukunft zu denken. Leider hat die Zusammenlegung der Firmen anderthalb Jahre später stattgefunden, und all ihre Probleme sind wiedergekommen und wurden noch schlimmer, da Sylvie entlassen wurde! Sie verstand nicht, warum die Spannungen nicht weggingen, obwohl sie weiter eifrig ihre Entspannungsübungen machte. Sie lebte nicht in der Zukunft, vermied es, daran zu denken, was ihr passieren könnte, vertraute auf die Gegenwart und ihren guten Stern – und trotzdem hatten sich das Sodbrennen und die Schlaflosigkeit wieder eingestellt.

Sie verstand, dass ihr Körper ihr zu sagen versuchte, dass sie auf dem falschen Weg war, doch sie sah nicht, inwiefern das der Fall war. Als ich sie fragte, was sie empfand, antwortete sie mir, dass sie einerseits erleichtert sei, weil endlich eine Entscheidung für sie gefallen war, dass sie andererseits aber traurig darüber sei, ihre geliebte Arbeit zu verlieren. Sie gestattete sich auch zu weinen, da sie sich in dieser Hinsicht respektierte, den Grund für ihre Probleme verstand sie jedoch noch weniger. Verspürte sie denn keine Wut? Sylvie erkannte erst jetzt, dass sie wütend darauf war, das Opfer dieser Fusion geworden zu sein, dass sie auf alle und jeden sauer war und gleichzeitig erleichtert und traurig. Was aber tat sie mit ihrer Wut? Nichts, und daher auch ihre Symptome, die jedoch sofort verschwanden, nachdem sie ihre Wut ausgelebt hatte.

Leben bedeutet, die Freuden und kleinen Glücksmomente des Alltags zu akzeptieren, aber auch die schmerzhaften und schwierigen Momente; es bedeutet, das Leben als Ganzes zu akzeptieren und doch man selbst zu bleiben, also sich nicht von seinen Empfindungen abschneiden zu lassen, sondern sie im Hier und Jetzt auszuleben. Dann wird unser Körper uns beglückwünschen, und wir werden ausgeglichen sein, auch in schwierigen Momenten. Aufgrund der sensationellen Fähigkeit, im Hier und Jetzt zu leben, sollten wir uns der grenzenlosen Mittel bewusst werden, die wir besitzen. Es reicht zu leben und zu vertrauen, denn in uns haben wir alles, um jedem Ereignis die Stirn zu bieten!

Die Tilgung der »um sich selbst kreisenden Gedanken«

Es fällt leicht zuzugeben, dass Denken nutzlos ist, wenn diese Gedanken nicht im Dienst eines Wunsches stehen. Doch manchmal ist es auch schwieriger, diesen Mechanismus, den unsere Erziehung geschaffen hat, zu blockieren, damit wir uns verteidigen können und nicht leiden müssen.

Wir haben bereits gesehen, dass wir denken und nichts mehr empfinden, wenn wir in der Vergangenheit oder der Zukunft leben, abgesehen von mehr oder minder ausgeprägter Anspannung. Um wieder ins Hier und Jetzt und damit zu unseren Empfindungen zurückzukehren, müssen wir Techniken anwenden, die uns erlauben, mit dem Denken aufzuhören und unsere Mitte wiederzufinden.

Über die Atmung seine Mitte wiederfinden

Uns stehen zahlreiche Techniken zur Verfügung, angefangen von einfachen bis zu höchst komplexen. Alle messen einer bestimmten Funktion größte Bedeutung bei, ohne die wir nicht leben können: der Atmung! Jeder, der einen anderen Menschen beim Atmen beobachtet, kann wesentliche Punkte erkennen. Dazu muss man kein bedeutender Therapeut sein. Zahlreiche Redewendungen beweisen das. Sagt man nicht: »Das hat mir den Atem verschlagen«, wenn man einen emotionalen Moment beschreibt, oder »Ich bin ganz außer Atem«, wenn man erschöpft ist? Wenn wir angespannt sind, ist unsere Atmung flach und schnell. Diese Art, die Atmung zu verknappen, ist das beste Mittel, uns unempfindlich zu machen; der Energiekreislauf wird dabei schwächer. In einem Moment der Ruhe werden unsere Atemzüge dagegen tiefer und langsamer. Die Atmung gehört zum Leben und kann uns helfen, auf einfache und effektive Weise unsere Mitte in der Gegenwart wiederzufinden.

Die erste Atemübung, die dabei hilft, sich zu entspannen, ist ganz einfach: Es reicht, die mechanische Atmung zu vertiefen, indem man sich bewusst macht, dass diese häufig flach ist. Jetzt müssen wir »mit dem Bauch« atmen und uns auf das Ein- und Ausatmen konzentrieren. Langsam werden die Atemzüge tiefer, das Ausatmen dauert länger und ist stärker. Wir wollen diese Methode hier nicht im Detail beschreiben. Sie wird von Therapeuten gelehrt wird und uns weit in uns (und vielleicht auch weit aus uns heraus) führen, wenn man sie voll ausreizt. Merken wir uns nur, das die Bauchatmung Entspannung nach sich zieht, durch die sich die empfundene Anspannung löst und Wohlbehagen einstellt.

Wie kann man dieses Phänomen erklären? Um tiefer zu atmen, müssen wir unsere Aufmerksamkeit auf den Bauch richten, denn unsere Atmung ist normalerweise flach, außer im Schlaf oder beim Ausruhen. Diese Technik zwingt uns, mit dem Denken aufzuhören, und bringt uns gleichzeitig ins Hier und Jetzt zurück, denn wir atmen nicht gestern oder morgen, sondern jetzt! Wir kehren also in unsere Mitte zurück, denken nicht mehr und beginnen folglich zu atmen. Daher auch die sofortige Entspannung. Über diesen Umweg sagt unser Körper uns: »So ist es gut, du bist wieder in Kontakt mit dir selbst!«

Die Atmung scheint mir etwas so Wichtiges zu sein, dass ihr Erlernen Teil jeder Erziehung und auch Teil der Behandlung aller Patienten sein müsste. Das ist leider noch nicht der Fall. Diese Grundtechnik sollte in Krankenhäusern, Kliniken und Gesundheitszentren unterrichtet werden, was sich übrigens allmählich durchsetzt (vor allem in Kalifornien). Von Leistungssportlern, Künstlern und vielen anderen wird sie hingegen seit Langem praktiziert. Doch ihr Erlernen sollte Teil jedes therapeutischen Ansatzes sein, das Eingehen auf die Atmung müsste zu jeder medizinischen Behandlung dazugehören. Das trifft aber bei Weitem nicht auf einhellige Zustimmung, denn zu lange gibt die Schulmedizin bereits pharmazeutischen Beruhigungsmitteln den Vorzug, deren Wirkung die Spannungen überdeckt und den Patienten überhaupt nicht seine Mitte finden lässt. Ganz im Gegenteil: Der Zugang zu seiner Mitte wird ihm dadurch noch erschwert.

Die Stille leben

Die Atmung erlaubt außerdem, eine innere Stille zu erzeugen – ein weiterer Weg, um wieder ins Hier und Jetzt zurückzufinden. »*Schweigen ist Gold*«, lautet ein Sprichwort. Das Schweigen, also die Stille zu leben, ist anfangs schwierig. Denn wenn wir die Stille erleben, werden wir uns der unglaublichen Menge an äußeren und inneren Lärmquellen bewusst, denen wir täglich ausgesetzt sind. Dabei ist dieses Erleben ganz einfach umzusetzen und sollte regelmäßig praktiziert werden. Es besteht darin, sich von Aktivitäten wie Plaudern, Fernsehen, Radio hören oder Lesen fernzuhalten. Wenn wir Stille in unserer unmittelbaren Umgebung schaffen, merken wir, dass die wahre Stille nicht in uns ist und dass unsere Denke weiterarbeitet, dass der innere Diskurs weitergeht und sogar noch zunimmt. Diese Feststellung mag bei dem einen oder anderen Beklommenheit auslösen, doch bald wird sich die Stille einstellen und das obskure und chaotische Stimmengewirr in unserem Innern zum Schweigen bringen. Dann breitet sich die Stille in uns aus, damit wir in Kontakt mit unserem innersten Kern treten können.

Um die Bedeutung der inneren Stille zu verstehen, stellen wir uns einen schalldichten Raum vor. Das leiseste Geräusch, das in diesem Raum auftritt, wird sehr deutlich wahrgenommen und wird sich im Innern des Raumes ausbreiten. Auf der Straße dagegen kann es sein, dass Geräusche wegen des Lärmpegels nicht gehört werden. Analog dazu gilt, dass eine Empfindung, die von unserem Ich ausgeht, die Stille braucht, um wahrgenommen und bewusst gelebt zu werden. Wenn der äußere und innere Lärmpegel zu hoch ist, werden diese Empfindungen unbemerkt bleiben, und wir können sie nur verpassen. Aber wir wissen ja, dass die Rechnung, die wir infolge dieser »Versäumnisse« uns selbst gegenüber zu zahlen haben, gesalzen sein kann! Wenn wir die Stille praktizieren, können wir ein Bewusstseinsniveau erreichen, das viel subtiler und nuancenreicher ist. Es wäre viel näher an dem, was wir wirklich sind, aber zu häufig vernachlässigen, denn der innere Dialog lenkt uns ab, weil er nicht aufhört, unseren inneren Raum in Beschlag zu nehmen und uns zu stören.

Die Stille durch die Atmung zu leben ermöglicht es uns, unsere Mitte wiederzufinden, unseren innersten Kern. Dieser Kern ist wunderbar ruhig, und er enthält die ganze Kenntnis, die Kraft und das Werden unseres Ichs: Er *ist!* Er ermöglicht es uns, in Kontakt mit dem Leben und seinem Pulsschlag zu treten, der Träger einer grenzenlosen Kreativität ist. Dieser Kern verbindet uns mit dem Kosmos, der Erde und dem Leben in all seinen Formen. Er ist alles zugleich: einzigartig und mannigfaltig, unvergleichlich und doch wieder ähnlich: Er enthält Alles. Er verleiht uns diese wahre (und nicht erträumte!) Stärke, die wir spüren, wenn wir in Augenblicken großen Glücks mit der Schöpfung verbunden sind. Dieser Kern existiert ganz frei in der Gegenwart. Er fürchtet nichts und ist der einzige Weg, über den wir zur Ausgeglichenheit gelangen können. Er ist Energie und enthält die angeborene Information, wie alles, was in der Schöpfung lebt. Daher steht er auch in Kontakt mit dem Rest dieser Schöpfung und in ständigem Austausch, denn er ist beweglich und voller Dynamik. Er kämpft nicht, er begnügt sich damit, da zu sein. Er enthält die Auskunft über das Morgen, genau wie ein Spross die zukünftige Pflanze enthält, die nicht existieren könnte, wenn der Spross nicht die Möglichkeit hätte, *heute* da zu sein.

Die Denke dagegen ist das Instrument, das uns vom Hier und Jetzt trennt und folglich auch von unserem innersten Kern. Sie ist das Stimmengewirr in unserem Kopf, das mit nutzlosem und störendem Lärm verschmutzt, was wir so feierlich als unsere »Gedanken« bezeichnen. Die Denke erzeugt Pseudo-Informationen, ködert die Intelligenz und schafft eine virtuelle Welt voller Monster oder Traumfiguren. Die Denke ist unbeweglich, hat keine Energie, enthält nur, was die Anderen uns beigebracht haben, und unterhält keinerlei liebevolle Beziehung mit dem Leben. Sie reißt uns ins Leere, während unser innerster Kern pure Fülle ist.

Abgesehen von der Atmung sollte jede Beschäftigung, die es erlaubt, die Gegenwart zu leben, als Methode zur Entspannung dienen. Jeder von uns mag es doch, sich künstlerisch oder sportlich zu betätigen, zu lesen, im Garten zu arbeiten oder zu werkeln, zu nähen oder was auch immer. Diese Beschäftigungen sind dazu in der Lage, uns ins Hier und Jetzt zurückzuführen, und können sehr nützlich dabei sein, die um sich selbst kreisenden Gedanken einzustellen. Doch Vorsicht. Ersetzen Sie das Sein nicht durch das Tun! Viel zu viele Menschen rennen durch den Tag und behaupten, »sehr beschäftigt« zu sein. Dabei vergessen sie ganz zu existieren! Sie sollten einen Moment innehalten, durchatmen und innerlich zur Ruhe kommen. Dann werden sie entdecken, dass ihr Körper nach mehr Aufmerksamkeit verlangt.

Alles, was uns zurück zu unserer Mitte bringt, sollte in Erwägung gezogen werden. Jeder unter uns sollte die Mittel auswählen, die er bevorzugt. Aber die Atmung und die Stille sind die Grundlagen, ohne die sich wirkliches Wohlbefinden nicht einstellen kann.

Kapitel 4
Stress

Stress, so wie Hans Selye ihn nach seiner Entdeckung 1928 definierte, ist »eine nicht spezifische Antwort des Organismus auf jede Beanspruchung«. Diese automatische Reaktion des Körpers ist ganz natürlich und als solche nicht krankhaft, im Gegenteil. Sie erlaubt uns beispielsweise, uns an verschiedene Klimazonen anzupassen oder mit unerwarteten Situationen zurechtzukommen. Die Reaktion unseres Körpers ist die gleiche, unabhängig davon, ob die Beanspruchung positiv oder negativ ausfällt. Doch zu oft verbindet man das Wort Stress mit einem schädlichen Gefühl, was überhaupt nicht zutrifft. Die Reaktion unseres Körpers richtet sich nach der Beanspruchung, die ihm widerfährt. Bei dieser Beanspruchung kann es sich um äußere Einflüsse handeln, wie Hitze und Kälte, oder um innere, wie Freude und Trauer.

Der Volksglaube geht davon aus, dass Stress durch die Härten des Alltags entsteht, die zu Krankheiten führen. Das ist völlig falsch! Nicht der Stress an sich ist schädlich, sondern unsere Reaktionen darauf. Unsere negativen Reaktionen verursachen Krankheiten. Unser Körper reagiert automatisch mit einer Reihe von chemischen Reaktionen, die sehr komplex sind. Er ist bestens dazu in der Lage, mittels dieser mechanischen Abläufe mit den Beanspruchungen von innen und außen klarzukommen, solange diese im Rahmen des Lebens bleiben. Sehr hohe Temperaturen lassen den Körper beispielsweise reagieren, und diese Reaktion macht den Stress aus. Ist die Temperatur aber viel zu hoch oder sind wir ihr viel zu lange ausgesetzt, dann erschöpfen sich alle »normalen« Reaktionen und rufen schlimme Probleme hervor. Es handelt sich dabei nicht um die Folge eines gestörten Gleichgewichts angesichts einer bestimmten Situation, sondern um das Leiden angesichts einer Aggression, was etwas ganz anderes ist als der Stress, den wir tagtäglich erleben.

Was genau passiert, wenn unser Körper auf äußerlichen oder innerlichen Stress reagiert? Unser vegetatives Nervensystem setzt sich aus zwei Systemen zusammen: einem Stimulationszentrum, dem »Sympathikus«, und einem Entspannungszentrum, dem »Parasympathikus«. Kommt es zu einer Beanspruchung, springt der Sympathikus an, und in unserem Körper werden endlos viele chemische Reaktionen in Gang gesetzt: beschleunigter Puls (Herzrasen), Schwitzen, Verspannungen im Trapezmuskel (zwischen Hals und Schultern), trockener Mund usw.

Kurze Zeit später sendet der Parasympathikus Impulse aus, um eine Entspannung herbeizuführen, die in der Regel nach einer Reihe entgegengesetzter chemischer Reaktionen eintritt. Diese Entspannung beendet das Herzrasen, das Schwitzen und die muskulären Verspannungen. Die Gefühle von Anspannung und Entspannung nach einer Stresssituation sind jedem zur Genüge bekannt. Merken wir uns einfach, dass unser Körper bei jeder Beanspruchung, ob sie nun positiv oder negativ, klein oder groß ausfällt, diesen Prozess anstößt, und dass ein gesunder Körper sich als ausgeglichenes System präsentiert, unter welcher Form auch immer.

Eine Beschreibung der chemischen Reaktionen wäre äußerst langwierig, doch bestimmte Aspekte sind wichtig, um die Mechanismen zu verstehen, die zur Erkrankung führen. Die chemischen Reaktionen führen im Körper zu einem hohen Verbrauch an Vitaminen und Spurenelementen. Sie werden verbrannt während des Prozesses, der zum Adrenalinausstoß führt, welcher wiederum die oben beschriebenen Körperreaktionen auslöst. Zusätzlich zum Adrenalinausstoß werden auch der arterielle und der venöse Blutkreislauf durch ein Zusammenziehen der Gefäßwände angeregt. Das erklärt auch das Herzrasen und die Kreislauf- oder Herzprobleme, die bei starkem Stress auftreten können. Dieser letztgenannte Mechanismus ist verantwortlich dafür, dass viele Frauen unter Cellulitis leiden. Das gilt umso mehr, als eine andere Reaktion des Körpers darin besteht, Fett (Lipide) zu deponieren. Dieses Einlagern von Fetten erklärt, warum so viele Menschen, die über lange Zeit Stress ausgesetzt sind, Kilos ansammeln können und es nie schaffen, sie zu verlieren, solange sie ständig dem gleichen Stress ausgesetzt sind.

Ein weiterer wesentlicher Punkt: Der Körper besitzt ein komplettes Abwehrsystem, das auf Aggressionen von außen reagiert, seien es nun Bakterien, Viren oder Parasiten. Dieses höchst komplexe Verteidigungssystem ist in dauernder Alarmbereitschaft. Es besitzt ein phänomenales Gedächtnis und reinigt den Körper von allen Zellen, die keine entsprechenden Kopien ihrer Mutterzelle sind. Bei starkem Stress bestehen die Funktionen des Abwehrsystems weiter, werden aber inaktiv oder funktionieren nicht mehr richtig. Bei einem Blutbild würden wir feststellen, dass Menge, Vielfalt und Eigenschaften der weißen Blutkörperchen nach wie vor im Normbereich liegen würden, obwohl das System in Wahrheit deaktiviert ist und folglich nicht mehr in der Lage wäre, seine wichtigste Aufgabe auszuführen, also unseren Körper zu verteidigen! Diese Deaktivierung unseres Immunsystems ist sicherlich der Ursprung zahlreicher schwerer Krankheiten.

Vergessen wir nicht, dass das Entspannungssystem infolge einer Adrenalinausschüttung wieder die Oberhand gewinnt und alle Reaktionen des Sympathikus »annulliert«, um das Gleichgewicht wiederherzustellen. Wenn die Stresssituationen aber zu häufig auftreten, wird dieses System geschwächt oder hat einfach nicht mehr die Zeit, um sich zu erholen. Der Betroffene nimmt eine Aggression auf sich, die sowohl von seinem eigenen Körper als auch von der

Außenwelt ausgeht. Dieser Punkt ist ganz wesentlich, wenn man lernen will, in Harmonie mit dem Stress zu leben.

Die Reaktionen auf den Stress

Wir haben gesehen, dass durch die Aktivierung des sympathischen Systems zahlreiche Reaktionen möglich sind. Wenn sie aber zu häufig, zu heftig oder zu anhaltend ausfallen, können sie zu zahlreichen Störungen führen, die von einem einfachen Schnupfen bis zu ernsthafteren Erkrankungen reichen. Soll das bedeuten, dass jeder von uns Stress auf gleicher Augenhöhe begegnet, dass jeder Mensch, der eine bestimmte Stresssituation durchlebt, auf die gleiche Weise reagiert und zwangsweise diese und jene Krankheit bekommt? Natürlich nicht!

Jedes Individuum ist einzigartig. Das heißt, dass jeder von uns anders auf eine bestimmte Stresssituation reagiert. Diese Reaktion hängt von zahlreichen Faktoren ab, die mit unserer Erziehung, Erfahrung, unserem Wissen und unserer Spiritualität in Zusammenhang stehen. Wissenschaftler haben versucht, die Individuen und ihren Umgang mit Stress zu kategorisieren. Ihre Studien basierten auf dem Gehalt an Stresshormonen im Blut, also Hormonen, die von unserem Körper in Stresssituationen produziert werden. Außerdem haben sie die Stoffwechselprodukte im Urin gemessen, die beim Abbau dieser Hormone entstehen. Auf der Grundlage dieser Untersuchungen ist es ihnen gelungen, drei große Gruppen zu ermitteln, die sie Typ A, B und C genannt haben.

Zum Typ A gehören die Personen, die extrem auf Stress reagieren. Sie erleben jede Beanspruchung sehr intensiv und brauchen diesen Stress zum Leben. Diesen Studien zufolge scheint es, als wären in ein- und derselben Familie mehrere Mitglieder davon betroffen. Könnte dann nicht ein Erbfaktor die Grundlage für dieses Verhalten sein? Diese Frage darf man sich stellen.

Die Personen, die zum Typ B gehören, reagieren »normal« auf Stress, das heißt, sie produzieren chemische Substanzen, deren

Werte im Blut im Normbereich liegen, und ihre Reaktionen entsprechen Verhaltensstandards.

Zum Typ C gehören die Individuen, welche nur sehr wenige Hormone ausschütten, die also am wenigsten von Stress betroffen sind.

Diese Einteilung ist interessant, gibt aber leider keine Antwort auf die entscheidende Frage: Wie soll man mit Stress umgehen? Es ist sicher spannend zu erfahren, welcher dieser Gruppen wir zugehören. Aber was sollen wir mit der Auskunft machen, sobald wir sie haben?

Der Umgang mit dem Stress

Um harmonisch mit dem eigenen Stress zu leben, müssen wir verstehen, was er in unserem Körper auslöst. Betrachten wir noch einmal die körperlichen Folgen von Stress und versuchen wir zu verstehen, wie wir sie minimieren oder am besten mit ihnen leben können.

Sich mit »Helfern« ausstatten

Stress führt zu einem gesteigerten Bedarf an Vitaminen und Spurenelementen, was den Verbrauch bestimmter Substanzen, zum Beispiel von Magnesium, Zink und den B-Vitaminen (insbesondere Vitamin B6) zur Folge hat. Es scheint also wichtig zu sein, während einer besonders stressigen Phase zusätzliche Vitamine einzunehmen, um den Verlust auszugleichen. Wenn dieser Stress vorhersehbar ist, ist es ratsam, sie aus Gründen der Prävention vorher zu nehmen und nicht danach!

Es gibt immer noch eine bestimmte Anzahl von Menschen, die sich damit brüsten, »Wissenschaftler« zu sein, und die behaupten, dass diese Substanzen nichts nützen und schädlich für den Organismus sind. Genau diese Personen, auf die man in Fachkreisen trifft, verschreiben sofort eine Mischung aus Paracetamol und

Vitamin C, sobald man eine Erkältung hat. Gleichzeitig erklären sie, dass eine ausgeglichene Ernährung diese Substanzen in ausreichender Menge enthält, um die Abwehrmechanismen des Organismus sicherzustellen ... Einmal abgesehen von der Tatsache, dass ihre Argumentation alles andere als wissenschaftlich und völlig zusammenhanglos ist, täuschen diese Personen sich auch (was für sich genommen schlimm ist, aber noch keine Folgen hat), oder sie täuschen ihre Patienten, und das in mehrerlei Hinsicht. Auch wenn es stimmt, dass sich Spurenelemente und Vitamine auf natürliche Weise finden und von unserem Körper sehr gut aufgenommen werden, so darf man doch nicht vergessen, welch miserable Qualität das heutzutage verzehrte Obst und Gemüse hat. Und wie kann man denn ernsthaft behaupten, dass Vitamine gefährlich und zu nichts nutze sind, obwohl es sich dabei um Substanzen handelt, die in unserem Körper vorkommen und die einen ganz wesentlichen Beitrag zu zahlreichen chemischen Reaktionen leisten, welche ohne sie gar nicht stattfinden könnten? Wie kann man behaupten, dass der Körper diese Substanzen sofort wieder ausscheidet, ohne sie genutzt zu haben, obwohl Dutzende Studien das Gegenteil bewiesen haben? Wenden wir uns ab von diesen »brillanten Köpfen« und kehren wir zu den Nahrungsergänzungen zurück, die man bei Stress nehmen sollte!

Es besteht keinerlei Risiko, wenn man Vitamine und Spurenelemente zuführt, auch nicht bei längerer Dauer. Nur die Vitamine A, E, K und D werden von unserem Organismus gespeichert und müssen folglich in gezielten Dosen genommen werden. Der Rest der Spurenelemente und Vitamine kann regelmäßig eingenommen werden, ohne dass wir uns große Sorgen über Nebenwirkungen aufgrund einer Überdosierung machen müssten. Je älter der Körper wird, desto schlechter nimmt der Darm die Nährstoffe auf. Das liegt am Abbau der Darmschleimhaut. Es scheint mir daher sehr wichtig zu sein, diesem Nachteil mit der gezielten Einnahme von Vitaminen und Spurenelementen entgegenzuwirken.

Stress führt zur Produktion freier Radikale. Das sind nichtnatürliche Substanzen, die in unserem Organismus zirkulieren und eine Reihe chemischer Reaktionen in unserem Körper blockieren. Diese Substanzen sind extrem toxisch und stehen im Verdacht, eine Reihe ernsthafter Erkrankungen auszulösen, wie zum Beispiel Krebs und Multiple Sklerose. Die freien Radikale werden von Vitaminen wie dem Vitamin C und dem Vitamin D, die als Antioxidantien fungieren, bekämpft und beseitigt. Folglich sind Vitaminpräparate notwendig und sehr nützlich, um die Produktion von freien Radikalen zu verhindern oder sie zu beseitigen. Ist es daher unwichtig, wie viel und wie häufig man diese Präparate einnimmt? Sollte man deshalb egal was und egal wann einnehmen? Nein! Ideal wäre es, einen Therapeuten zu konsultieren, der diese Substanzen gut kennt und Ihnen dieses oder jenes Produkt und die richtige Dosierung empfehlen kann. In diesem Zusammenhang ist es sehr interessant festzustellen, dass die empfohlenen Dosierungen in Europa gegenüber den USA stark abweichen, was zu beweisen scheint, dass die »Wissenschaftler« auf der einen oder anderen Seite des Atlantiks (oder auf beiden Seiten?) sich irren.

Stress verursacht auch eine Übersäuerung unseres Organismus, der mittel- oder langfristig zu so genannten »Zivilisationskrankheiten« führt, wie etwa Arthrose, Arthritis, Krebs oder Multiple Sklerose. Diese Übersäuerung, die leider sehr häufig ist, wird über den Säuregehalt im Urin festgestellt (pH-Wert des Urins). Die Ursachen dafür sind auch ernährungsbedingt: Häufig ernähren sich gestresste Menschen schlecht, denn sie mischen die Lebensmittel, die Säuren produzieren, was wiederum Stress erzeugt. Allein dieser wichtigen Frage kann man ein ganzes Buch[3] widmen, und wir werden im Kapitel über Ernährung noch einmal davon sprechen.

Stress führt zu einer Kontraktion der glatten Gefäßmuskulatur bei Arterien und Venen und zu einer Einlagerung von Lipiden (Fett). Das kann, wie wir gesehen haben, auf lange Sicht zu Herz-Kreislauf-Problemen führen (Schlaganfall, Infarkt, Venenentzündungen), zu Störungen im Blutkreislauf (erhöhter Cholesterinspiegel, erhöhte Blutfettwerte) oder bei Frauen zum Auftreten von Cellulitis. Spurenelemente und Vitamine können diese Phänomene reduzieren. Magnesium ist ideal, um die Kontraktionen der glatten

Muskulatur zu verringern, und wird häufig von Schwangeren genommen, um frühzeitige Wehen gegen Ende der Schwangerschaft zu mildern. Andere Substanzen wie zum Beispiel Vitamin E können zu einer besseren Durchblutung beitragen.

Ich rate meinen Patienten, im Frühjahr und im Herbst (das sind die Jahreszeiten, zu denen die Menschen am geschwächtesten sind) zweimonatige Kuren zu machen, um ihre natürlichen Abwehrkräfte zu stärken und die negativen Folgen von Stress zu minimieren. Während dieser Kuren erhalten die Patienten Magnesiumorotat (3 x pro Tag), Vitamin C (2 x 1 g pro Tag) und Vitamin E (400 IE pro Tag) sowie ein Präparat mit B-Vitaminen und ein wenig Vitamin A. Eine Haaranalyse ermöglicht die individuelle abgestimmte Zubereitung der notwendigen Spurenelemente. Diese Vorgehensweise birgt keinerlei Risiken und liefert gute Ergebnisse. Sie sollte allerdings als nützliche Hilfe angesehen werden, um den Auswirkungen von Stress entgegenzuwirken, und nicht als Selbstzweck!

Bisher haben wir uns den »Helfern« zugewandt, die uns zur Verfügung stehen, um Auswirkungen von Stress abzumildern. Es ist klar, dass diese Helfer noch nie einen Bruch geheilt haben und dass nur der von dem Bruch Betroffene in der Lage ist, ihn zu heilen. Vitamine, Spurenelemente und andere Mineralstoffe sind sicher wichtige Helfer, können aber für sich allein genommen nicht heilen. Es ist wichtig, das zu unterstreichen. In der Tat lehnen immer mehr Therapeuten den allopathischen Ansatz der Medizin ab (die Symptome und nicht die Ursache behandeln, chemisch erzeugte Medikamente gegen die Symptome nutzen), machen dann aber das Gleiche mit natürlichen Substanzen, zum Beispiel mit homöopathischen Mitteln. Keine einzige Substanz, sei sie nun chemisch erzeugt oder natürlich, kann ohne die Hilfe und die Zustimmung des Betroffenen zur Heilung führen! Nur wir allein können den Auswirkungen von Stress vorbeugen oder sie heilen. Sicher können wir uns dabei von möglichst ungiftigen Helfern unterstützen lassen, doch wir sollten immer daran denken, dass wir ganz und gar Herr über unsere Gesundheit sind.

Weigern wir uns, unserem schlimmsten Gegner zu folgen: der Denke!

Über welche uns innewohnenden Mittel und Wege verfügen wir, um die Auswirkungen von Stress zu minimieren? Unser Körper ist bestens dafür gerüstet, um auf die Auswirkungen äußerer oder innerer Beanspruchungen zu reagieren. Wenn wir zum Beispiel plötzlich kalten Temperaturen ausgesetzt sind, besteht unser erster Reflex darin, uns warm anzuziehen. Wenn wir mit einer Hand zu nahe ans Feuer kommen, reagieren wir sofort, indem wir die Hand reflexhaft von der extremen Hitzequelle zurückziehen. Diese Reflexe sind Automatismen, die von einem sehr ausgefeilten System aus Nervenenden, Synapsen und diversen Substanzen gesteuert werden, welche den Informationstransfer ins Gehirn oder ins Rückenmark ermöglichen. Solange diese »Maschinerie« wie geschmiert läuft und nicht unter einer Einschränkung der Empfindsamkeit und der Motorik leidet, reagiert der Körper fast automatisch und wird leicht mit den Beanspruchungen von außen fertig. In diesen Fällen wird unser Gehirn nur wenig beteiligt und die Denke spielt überhaupt keine Rolle.

Wir sind auch gut dafür ausgestattet, um inneren Beanspruchungen entgegenzutreten. Doch allzu häufig greift ein störendes Element ein, um die natürlichen, angeborenen Mechanismen zu durchkreuzen und sie daran zu hindern, ihre spezifische Rolle zu spielen, was »negativen Stress« nach sich zieht. Wir haben weiter oben bereits gesehen, dass das Wort »Stress« hier irreführend ist, denn in Wahrheit meint es die Folgen der unangemessenen Reaktion unseres Körpers auf eine Beanspruchung. Unser Körper reagiert dabei auf also auf Spannungen und andere Symptome, die aus einer Fehlfunktion im Anpassungsprozess unseres Ichs an eine innere Beanspruchung resultieren.

Verdeutlichen wir diesen Begriff mit einem Beispiel. Ein Büroangestellter wird wiederholt von seinem Vorgesetzten verbal angegriffen (Beanspruchung von außen). Seine natürliche und spontane Reaktion wird darin bestehen, seinem Chef auf die eine oder andere Art zu zeigen, dass er dieses Verhalten nicht toleriert. Bis dahin ist die Reaktion angemessen und alles geht gut. Der Angestellte wird sich sofort besser fühlen, wenn seine Reaktion der erlittenen Aggression angemessen ist. Keine negativen Folgen werden wahrgenommen oder belasten ihn; kein »Stress« (im üblicherweise gebrauchten Wortsinn) zeigt sich. Der Angestellte wird seine Arbeit entspannt und erleichtert fortsetzen.

Wenn der Angestellte aber statt der natürlichen und spontanen Reaktion schweigt, weil er Angst vor einer Kündigung hat, den Frieden wahren möchte oder auch nur, weil er zu beeindruckt ist, wird er sehr schnell eine Anspannung verspüren, die langsam oder schnell mutiert und sich zum Beispiel zu Schlaflosigkeit, häuslichen Wutanfällen oder Magenkrämpfen auswächst. Diese Folgen machen nicht den Stress an sich aus, sondern sind vielmehr die Konsequenzen einer unangemessenen Reaktion des Angestellten auf eine Beanspruchung von außen. Diese unangemessene Reaktion verursacht eine innere Beanspruchung (Stress), auf die er ganz automatisch reagieren müsste, indem er seiner Wut Luft macht und sie komplett auslebt. Das tut er allein, um anschließend seinem Chef gegenüberzutreten und ihm ruhig, aber entschlossen sagen zu können, dass er diese Angriffe nicht mehr duldet. Wenn der Angestellte sich nicht erlaubt, seine Wut auszuleben, nehmen die Symptome, die er bereits durch seine erste Reaktion herbeigeführt hat, an Häufigkeit und Stärke zu und provozieren früher oder später ernsthaftere Krankheiten oder andere Komplikationen.

Dabei tragen wir alle für jede Situation eine passende Antwort in uns. Folglich können wir den verschiedenen Beanspruchungen durch das Leben auch entgegentreten. Wenn wir unsere natürliche und spontane Reaktion aber nicht respektieren, rufen wir in uns Unbehagen hervor, und unser Körper sagt uns auf diese Weise, dass wir uns gegenüber uns selbst falsch verhalten.

Welcher Teil von uns blockiert diese natürliche, angeborene Reaktion? Natürlich die Denke! Sie sträubt sich und bringt den Teil von uns zum Schweigen, der die Vorkommnisse empfindet und uns »mit dem Bauch« reagieren lässt. Dazu nutzt unsere Denke alle Argumente, die ihr von der Erziehung geliefert werden: die angebliche Logik, die Höflichkeit, den Respekt gegenüber Vorgesetzten, die Schlauheit, nicht zu reagieren usw. Alles Argumente, die eine Spannung schaffen, das heißt eine Empfindung, die je nach Stärke als unangenehm oder unerträglich wahrgenommen wird, die aber in Wahrheit ein Beweis dafür ist, dass diese Argumente ganz im Gegensatz zu dem stehen, was unser wahres Ich möchte. Diese Spannung führt zu Unbehagen und anderen Symptomen. Unser Körper, der ja unser bester Freund ist, warnt uns davor, dass wir dabei sind, uns selbst nicht mehr zu respektieren. Der Friedensrichter, also unser Körper, ist immer auf der Hut, und keine Überlegung kann ihn dazu bringen, seine Meinung zu ändern. Sobald wir unser inneres Wesen verraten, schlägt er Alarm und lässt uns auf die ein oder andere Weise eine Anspannung empfinden. Wir können das eine Weile ignorieren, aber früher oder später werden wir gezwungen sein, uns dem Offensichtlichen zu stellen: Etwas stimmt nicht.

Die Denke ist immer die Ursache der negativen Folgen, die wir nach einer inneren Beanspruchung empfinden und erleben. Sie blockiert und sabotiert nicht nur unseren Wesenskern, sondern lässt uns auch an starren und zerstörerischen Einstellungen festhalten. Sie spornt unsere Gedanken an, um sich selbst zu kreisen, denn unter ihrem Einfluss wenden wir uns der Vergangenheit oder der Zukunft zu. Dabei haben wir bereits gesehen, dass uns nur das Hier und Jetzt glücklich macht und uns Wohlbehagen empfinden lässt. Die Denke ist folglich ein Gegner, denn sie reißt uns aus der Gegenwart und verbietet uns zu fühlen. Von diesem Moment an können wir die Verbindung zu uns nicht mehr halten, und wir beginnen, in Bezug auf andere zu agieren, in Bezug auf erlernte Regeln, die nicht unbedingt unsere eigenen sind. Daran erinnert uns unser Körper, indem er die negativen Folgen von Stress herbeiführt.

Um diesen Zusammenhang zu erläutern, wenden wir uns noch einmal dem Beispiel unseres armen Büroangestellten zu. Er erwidert nichts auf die Angriffe und sagt keinen Ton, denn er hat Angst davor, entlassen zu werden. Diese Angst wird von dem Gedanken hervorgebracht: »Wenn ich erwidere, was ich meinem Chef gerne erwidern würde, werde ich meine Stelle verlieren, an der ich hänge.«

Dieser Gedanke, der seiner Denke (und nicht seiner Intuition!) entstammt, blockiert die natürliche Reaktion. Die Tatsache, dass er dieser nicht freien Lauf lässt, führt zu Anspannung, sehr wahrscheinlich zu Abgeschlagenheit oder innerer Wut. Seine Denke untersagt ihm, seine Wut (außerhalb des Büros) zum Ausdruck zu bringen, wofür sie vorgeschobene Gründe nach dem Motto »das nützt doch nichts, weil es die Situation nicht ändert« ins Feld führt.

Stellen wir uns nun einmal seinen Gesundheitszustand vor. Da lauern Depressionen, und das Unbehagen ist sein ständiger Begleiter. Er ist müde, ständig angespannt und hat verschiedene Leiden. Er sucht einen Arzt auf, der ihm irgendwelche Medikamente mit dem Präfix »Anti« verschreibt und ihm rät, sich zu entspannen(!). Dann sagt er ihm noch, dass er sich all das nicht zu sehr zu Herzen nehmen sollte, denn es ist doch viel interessanter, glücklich zu sein, als über die Angriffe eines zänkischen Chefs nachzugrübeln! Kollegen und Freunde werden sagen: »Sein Chef stresst ihn durch seine Angriffe. Der Arme tut, was er kann, um nicht zu viel Aufhebens davon zu machen, aber das drückt auf seine Stimmung und untergräbt seine Gesundheit!« Stimmt das? Nein, natürlich nicht! Die Wahrheit ist eine ganz andere, denn unser Angestellter wird von seiner Denke blockiert, die ihm untersagt auszuleben, was er empfindet: Wut und den Wunsch, seinem Chef zu sagen, dass er mit den Übergriffen aufhören soll. Er ist sein eigenes Opfer!

Ausgegangen sind wir von einer äußeren Beanspruchung (dem verbalen Übergriff des Chefs), auf die der Angestellte nicht angemessen reagiert hat, weil seine Denke ihn blockierte, was zu einem starken Unwohlsein führte, also einer inneren Beanspruchung. Der Angestellte erkennt nicht, dass seine unangemessene Reaktion der Grund für sein eigenes Unwohlsein ist und dass er allein die Macht besitzt, damit fertig zu werden. Er kann das nur ändern, indem er sich weigert, seiner Denke zu folgen und indem zu seinen wahren Empfindungen (und folglich seinen Wünschen) ins Hier und Jetzt zurückkehrt. Ansonsten wird er weiterhin schlecht mit solchen Angriffen umgehen, und man kann sicher sein, dass sie zunehmen werden. Der Vorgesetzte wird seinerseits merken, dass er es mit jemandem zu tun hat, der sich nicht respektiert, und kann so davon profitieren, bis sein Gegenüber sich des Gegenteils bewusst wird!

Wir haben gesehen, dass wir dafür ausgestattet sind, jeder Art äußerer und innerer Beanspruchung die Stirn zu bieten, und dass unser größter Gegner die Denke und unsere Gedanken sind. Sobald unsere Gedanken um sich selbst kreisen, sobald wir versuchen, uns aus der Gegenwart zu entfernen, warnt unser Körper uns, indem er eine Spannung herstellt. Wenn wir nicht auf unseren Körper achten, fügen wir neue Spannungen hinzu. Dieser »Stress« ist der, den wir den äußeren Beanspruchungen des Lebens, die wir aber nicht vermeiden können, hinzufügen. Der Alltag bringt eine Reihe von Beanspruchungen, denen man nicht entkommen kann, denn früher oder später müssen wir uns ihnen stellen. Erinnern wir uns also daran, dass wir bestens ausgerüstet sind, um diesen Beanspruchungen entgegenzutreten!

Nehmen wir das Beispiel eines Autofahrers, sogar das eines unerfahrenen, dessen Wagen auf einer Eisfläche seitlich wegbricht: Ganz automatisch wird er richtig reagieren und das Lenkrad in die richtige Richtung drehen. Sobald er aber »realisiert« (also denkt), dass sein Wagen in die entgegengesetzte Richtung schleudert, wird er das Lenkrad herumreißen, und das führt mit Sicherheit zu einem Unfall! Ein Mensch, der kein Blut sehen kann, wird sich bis zu dem Moment bestens um sein verletztes Kind kümmern, in dem er anfängt zu denken und ohnmächtig wird – nachdem er vorher die automatischen Gesten ausgeführt hat, die helfen und retten. Wir sehen, dass der erste Reflex immer der richtige ist, denn die Beanspruchung löst quasi von sich aus die adäquate Reaktion aus. Wenn über den Umweg der um sich selbst kreisenden Gedanken eine innere Beanspruchung dazukommt, schaffen wir mit aller Macht eine Reihe negativer Reaktionen. Dieser Stress ist es, den wir um jeden Preis auf einem niedrigen Level halten müssen, bis wir ihn schließlich ganz aus unserem Leben verbannen. Das geht nur auf eine einzige Weise: indem man konsequent im Hier und Jetzt lebt, mit all seinen Sinnen und Wünschen, und dabei immer in Kontakt mit seinem innersten Kern steht und nicht mit seinem Gehirn!

Kapitel 5

Die Nahrung, unsere Energiequelle

Essen ist lebenswichtig, und es würde niemandem in den Sinn kommen, darauf zu verzichten. Es stimmt, dass viele Menschen nur essen, um sich zu ernähren, und dass die Spezies der Feinschmecker, die Essen liebt und um den Genuss weiß, vom Aussterben bedroht oder zumindest als snobistisch verschrien ist.

Die Frage, die allen Ärzten am häufigsten gestellt wird, betrifft die richtige Ernährung: entweder weil man zu- oder abnehmen will oder weil man sich während einer Krankheit schonend ernähren möchte. Es ist wichtig zu wissen, dass diese Frage alle Ärzte während ihrer ersten Berufsjahre verunsichert. Erstens haben sie dieses wichtige Thema nie gelernt, denn es gehört nicht zum Studieninhalt, und zweitens sind sie ganz schnell am Ende ihres Lateins, wenn sie sich mit der diesbezüglichen Fachliteratur beschäftigen. In den vergangenen Jahrzehnten ist nämlich alles Mögliche und Unmögliche zu diesem Thema veröffentlicht worden!

Der westliche Mensch wird mit seinem größten Problem konfrontiert: Da alles der berühmten Theorie Newtons zufolge System hat, ist auch die Ernährung eines und wird von Ernährungswissenschaftlern und Fachärzten untersucht. Auch diese Vorstellung muss neu bewertet werden, denn jeder dieser Fachleute sieht die Grenzen, wenn er halbwegs ehrlich ist. Die Nahrung betrifft alle Bereiche der Gesundheit, und wenn der Fachmann wirklich kompetent sein will, müsste er sich erst zum Spezialisten in allen Zweigen der Medizin fortbilden, um anschließend in einem übergreifenden Sinne wieder Allgemeinarzt zu werden.

Selbst wenn man annimmt, dass er es tut, so wird er doch sehr schnell erneut scheitern: Die systemischen Ansätze der Kalorienzufuhr (Aminosäuren, Vitamine, Spurenelemente, Lipide, Eiweiße, Kohlenhydrate) sind alle untersucht und eingesetzt worden, weil sie angeblich alle den Großteil der Gewichts- und Gesundheitsprobleme lösen können. Aber keiner dieser Ansätze hat für sich allein eine Lösung erbracht, bei was auch immer. Auch wenn man einmal von den Geld- und Energieverlusten zahlreicher Personen absieht, weckt dieser systemische Ansatz mit seinem Schubladendenken eine gewisse Wut. Wie kommt es, dass Menschen, die sich selbst als Wissenschaftler bezeichnen, sich so häufig täuschen, nie Abbitte leisten und immer weiter mit Unwahrheiten beziehungsweise Halbwahrheiten um sich werfen, die sie dann als allgemeingültig bezeichnen? Warum nicht das gleiche Problem ganz allgemein angehen und nicht systemisch?

Statt den Menschen ins Zentrum der Welt zu rücken, versuchen wir einmal, ihn als winzig kleinen Teil dieser Welt zu betrachten. Machen wir uns bewusst, dass auch Obst und Gemüse Lebewesen sind: Sie werden geboren, leben und sterben; sie bestehen aus lebender Materie und Wasser, und sie können sich ebenfalls Krankheiten zuziehen. Wenn man sie so seziert, wie man es mit dem Menschen getan hat, kann man sie in verschiedene Systeme zerlegen: Ballaststoffe, Vitamine, Spurenelemente und andere Untergruppen. Warum hat der Mensch sich seit Urzeiten damit begnügt, dieses Obst und dieses Gemüse zu essen. Warum hatte er die innere Gewissheit, dass es ihn ernährt und ihm guttut? Hat er Obst und Gemüse gegessen, weil es komplexe enzymatische Systeme enthielt oder weil er wusste, dass dieses Obst oder jenes Gemüse ihm all das gab, was man zum Leben und zur Ernährung braucht? Ist diese Nahrung, die dem Menschen erlaubt zu überleben, zu leben, Energie zu tanken und sich sowohl körperlich als auch geistig und seelisch zu verausgaben, ist sie eine Menge einzelner Systeme oder einfach nur eine Energiequelle?

Jede Mutter würde ganz selbstverständlich sagen, dass »die Nahrung ihrem Kind die Energie gibt, die es zum Leben braucht«! Es ist lehrreich zu wissen, woraus sich diese Energie zusammensetzt, aber man sollte das Wesentliche nicht aus den Augen verlieren: Die Nahrung ist Lebensenergie für den Menschen.

Das Prinzip der Synergie

Die Tatsache, dass Nahrung Energie ist, bedeutet, dass sie auf den Menschen übertragen wird, wenn er sie aufnimmt. Es kommt zu positiven oder negativen Schwingungen zwischen dem Nahrungsmittel und ihm. Das kann zu einer Synergie führen, wenn die Nahrung in positive Schwingungen tritt. So entstehen Energiegewinn und Fülle. Wenn die Nahrung im Gegenzug in negative Schwingungen tritt, führt sie zu einem Energierückgang und zu Müdigkeit. Wenn die Energien komplett entgegengesetzt sind, kann das eine Ablehnung (Erbrechen, Durchfall) oder eine Vergiftung auslösen.

Die Energie der Nahrung variiert nicht nur je nach Nahrungstyp, sondern auch nach ihrer Form, ihrer Entstehungsart, dem Boden, auf dem sie gedeiht, den klimatischen Bedingungen und natürlich den Düngemitteln ... den chemischen. Auch hier gilt wie für alle Lebewesen: Man kann zwar Grundsätzliches benennen, doch es bleibt dabei, dass in Bezug auf die Energie, beispielsweise zwischen einer in Afrika gezogenen Karotte und einer Schweizer Karotte, ein riesiger Unterschied besteht. Die quantitative Energie wird sehr unterschiedlich ausfallen, genau wie ihre Qualität. Eine vage Vorstellung oder Schätzung bekäme man, wenn man die Mineralstoffe mäße, die in beiden Karotten enthalten sind. Doch selbst diese Messwerte würden uns nur bruchstückhafte Informationen liefern. Deshalb sind alle vom Menschen gemachten Einteilungen und Aussagen über das, was man essen oder nicht essen sollte, sehr ungenau und nicht wirklich interessant! Das trifft umso mehr zu, als der menschliche Körper eine sehr ausgeprägte Fähigkeit zur Selbstregulierung besitzt: Er nimmt sich, was er braucht und scheidet aus, was ihm nicht nutzt.

Dieses Phänomen der Selbstregulierung erklärt auch, warum frische und vollwertige Speisen immer besser aufgenommen und vertragen werden als einzelne Extrakte aus einem oder mehreren der Inhaltsstoffe. Was auf Medikamente zutrifft, die zum Großteil die Natur karikieren oder aus einem Pflanzenextrakt stammen, trifft auch auf die Nahrung zu. Das in Teile zerlegte Ganze wird nie die Wirkung des Ganzen haben, denn das Ganze ist das Ergebnis eines Wachstums, das von zahlreichen äußeren und inneren Faktoren abhängt. Diese erschaffen bei einem reifen Obst oder Gemüse eine globale Energie, die weit größer und von weit besserer Qualität ist als die Energie aus einem der Pflanzenteile.

Es ist wichtig, das Prinzip der Synergie zu verstehen. Vereinfacht ausgedrückt kann man es folgendermaßen beschreiben: Wenn zwei Energien aufeinandertreffen, die sich ergänzen und nicht ausschließen, dann stärken sie sich gegenseitig. Daraus resultiert eine größere Energie als aus der Summe der zwei einzelnen Komponenten.

Nehmen wir ein Beispiel, um dieses Phänomen zu erläutern. Ein Apfel mit der Energie x überträgt diese Energie auf den Menschen, der ihn isst. Es kommt zu einer positiven Schwingung mit der Energie des Menschen, der ihn verzehrt, und bringt diesem einen Gewinn. Wenn er mehrere Äpfel der gleichen Sorte und der gleichen Herkunft isst, nimmt er eine Menge und eine Qualität an Energie zu sich, die der Summe der Energien x gleicht, welche wir y nennen können. Falls unser Mann noch zwei weitere Früchte isst, zum Beispiel eine Banane mit der Energie z und eine Birne mit der Energie w, dann wird die Summe der Energien aus Apfel + Banane + Birne *(x + z + w)* größer sein als die Energie y. Die weiter oben erwähnte Synergie aus verschiedenen Früchten erschafft eine Energie besserer Qualität als die, welche aus dem Verzehr von nur einer Obstsorte entsteht. Abwechslungsreiche Lebensmittel sind eine der Grundlagen einer guten Ernährung. Deshalb ist es auch bedauerlich, dass die Frage nach Kalorien und Gramm noch zu häufig die Basis der verschiedenen Diäten ist, die auf dem Markt angeboten werden.

Die Nahrung ist eine Energiequelle für den menschlichen Körper, und wenn es zu einer Synergie zwischen beiden kommt, dann ermöglicht sie ihm, die lebenswichtigen und sekundären Körperfunktionen zu erhalten. Es ist also sehr wichtig, sich abwechslungsreich zu ernähren.

Auf die Natur achten

Die Natur verbirgt nichts und äußert nichts, sie zeigt dem, der sie entziffern will, alle Geheimnisse, die sie versteckt. [4]

Paracelsus

Wenn man die Natur beobachtet, was im städtischen Umfeld selten ist, kommt man nicht umhin zu sehen, dass der Rhythmus der Jahreszeiten über die Auswahl an Obst und Gemüse entscheidet, die uns zur Verfügung steht. Wenn man die Obst- und Gemüseauslagen in unseren Supermärkten betrachtet, stellt man fest, dass Bananen und Äpfel das ganze Jahr über verfügbar sind. Aber eine Erdbeere zum Beispiel ist gegen Ende des Frühjahrs reif und nicht im Winter. Was bedeutet das für den Ernährungsplan? Die Erdbeeren sind im Mai/Juni reif. Die Erdbeerpflanze wurde im Herbst eingesetzt. Ihre Energie wurde auf eine Jahreszeit (Winter) konzentriert, während der sie hauptsächlich in der Erde ist, zusammen mit einer maximalen Yin-Energie (Wasser). Wenn der Frühling voranschreitet, verwandelt sich diese Energie während der Blütezeit und des Fruchtwachstums in Yang-Energie. Das Frühjahr überträgt eine Energie der Bewegung und führt die Frucht zur Reife. Was liefert die reife Erdbeere dem Körper, der sie im Frühsommer zu sich nimmt, einer Zeit, die einer maximalen Yang-Energie entspricht, also dem Feuer in der Traditionellen Chinesischen Medizin? Hauptsächlich eine Energie des Wassers, was großartig ist, denn dem Prinzip der Energien zufolge löscht Wasser Feuer, also die äußere Energie des Sommers, die von der in der reifen Erdbeere enthaltenen Energie ausgeglichen wird. Das ermöglicht einen Ausgleich der Körperenergien, und so kann auch das für die Gesundheit nötige Gleichgewicht gewahrt werden. Wenn die Erdbeere mitten im Winter verzehrt wird, dann ist das überhaupt nicht mehr die gleiche Wohltat, sondern führt womöglich sogar zu einem energetischen Ungleichgewicht, denn die Energiezufuhr entspricht zu dieser Jahreszeit genau der äußeren Energie. Bestimmte Erdbeersorten, die als »spät« bezeichnet werden, sind im August reif und liefern unserem Körper nicht die gleiche Energie wie die im Juni gepflückten. Außerdem sollten wir uns im Klaren darüber sein, dass in Gewächshäusern gezogene Erdbeeren überhaupt nicht mehr die Eigenschaften von Freilanderdbeeren haben. Erdbeeren aus dem Gewächshaus übertragen andere und qualitativ schlechtere Energien. Sie enthalten viel Wasser, was bei den vorab besprochenen ganz und gar nicht der Fall ist. Genau genommen sind sie nur Wasser und nicht Energie! Es ist also wichtig, bei unserer Ernährung dem Rhythmus der Jahreszeiten zu folgen.

Der Zeitpunkt, zu dem Obst und Gemüse gesät und geerntet werden, liefert uns sehr nützliche Auskünfte über die Qualität der Energie, die auf den menschlichen Körper übertragen wird. Nehmen wir noch ein Beispiel. In den europäischen Ländern werden Karotten im Juni ausgesät und im Oktober geerntet. Sie übertragen folglich eine Energie der Bewegung (Frühjahr), der Ausdehnung (Sommer) und schließlich der Verinnerlichung oder der Ruhe (Herbst). Sie kommen in dieser Phase des Ruhezustands, die der Herbst ist, zur Reife, was bedeutet, dass sie hauptsächlich diese Art Energie auf den Menschen übertragen.

Interessant ist, aus welchen Gründen die tibetische Medizin die Karotte empfiehlt. Qualität und Potenzial sind in der tibetischen Medizin »alles, was gleichzeitig einen Bestandteil selbst sowie das charakterisiert, was er an Kraft und Aktivität für den Menschen freisetzt, um ihn zu ernähren, ihn zu versorgen oder um bestimmte Zustände krankhaften Ungleichgewichts zu verändern«[5]. In diesem Sinn wird die Karotte empfohlen, um die Badkan-Energie auszugleichen. Die Badkan-Energie ist das energetische Kraftwerk des menschlichen Körpers und wacht über die anabolen Funktionen, welche den Aufbau und die Aufrechterhaltung der energetischen Kräfte begünstigen. Man erkennt also den großen Wert der Karotte, wenn sie saisonal, im Herbst und im Winter, verzehrt wird. Und was noch interessanter ist: Auch wenn die Karotte im reifen Zustand zu den Lebensmitteln, die eine Energie der Verinnerlichung transportieren, gezählt werden kann, trägt sie trotzdem alle anderen Energien in sich, wenn auch in geringeren Mengen. So liefert sie insgesamt eine ziemlich breit gefächerte und vollständige Energie.

Die Energie, die von Obst und Gemüse übertragen wird, ist abhängig von den Jahreszeiten, in denen sie heranreifen. Je höher die Anzahl der Jahreszeiten, desto komplexer ihre Energie, obwohl die Jahreszeit, in der sie ausgereift sind, immer noch die entscheidende ist. Nehmen wir das Beispiel zweier Gemüse, die zur selben Familie gehören: die Zucchini mit ihrer länglichen Form, die ab Ende Juni den Sommer über geerntet wird, und den Kürbis, dessen Erntezeit im Oktober liegt. Diese beiden Gemüse enthalten nicht die gleiche Energie, obwohl sie zur gleichen Zeit blühen. Die Zucchini überträgt eine ganz leichte, belebende Energie, die spitz ist und nur eine Jahreszeit reflektiert, während der Kürbis eine weit komplexere Energie mit sich bringt, die in gewisser Weise voll und rund ist. Diese beiden Gemüse unterscheiden sich voneinander, passen aber hervorragend zu dem, was wir brauchen: Wasser im Sommer (denn dem Prinzip der chinesischen Energetik folgend löscht Wasser Feuer) und Feuer/Metall während des Winters. Die von Mandeln und Walnüssen übertragene Energie, von denen die einen im

Juni und die anderen im Oktober geerntet werden, unterscheidet sich aus den gleichen Gründen, und man könnte noch zahlreiche andere Beispiele zitieren.

Bestimmte Früchte wie Bananen, Orangen und Ananas, die aus anderen Regionen der Welt zu uns kommen, werden in unseren Breitengraden hauptsächlich im Winter verzehrt, einer Jahreszeit, während der bei uns wenig Obst zur Verfügung steht: Wie soll man diese Früchte in energetischer Hinsicht einordnen? Unter der Voraussetzung, dass dieses Obst reif geerntet und nicht wochenlang in irgendwelchen Containern verschickt wurde (was höchst unwahrscheinlich sein dürfte!), ist ihr Beitrag nicht uninteressant. Was Trockenfrüchte wie Rosinen, Aprikosen und Pflaumen betrifft, so übertragen sie die gleiche Energie wie die frischen Früchte, aber in konzentrierterer Form, denn das Wasser ist ihnen beim Trocknungsvorgang, dem sie ausgesetzt waren, entzogen worden. Diese Trockenfrüchte werden von Sportlern geschätzt, denn sie haben einen hohen natürlichen Fruchtzuckergehalt. Trotzdem scheint es mir nicht klug, sie zu jeder Jahreszeit zu verzehren, unabhängig von der Erntezeit, und zwar aus den gleichen, weiter oben genannten Gründen.

Die Form einer Frucht oder einer Gemüsesorte erlaubt ebenfalls Rückschlüsse darauf, was sie dem Körper geben kann. Diese Form spiegelt die Art von Energie wider, die eine Pflanze mit ihrer Frucht transportiert. So liefert uns beispielsweise die Karotte über ihre Form höchst interessante Auskünfte über ihren Energiegehalt. Die Pflanze bildet während des Wachstums weiße oder rosa Blüten mit 30 bis 40 Doldenstrahlen, welche die Energie einfangen, um sie auf die zentrale Blüte, die Wurzel (die man isst) und den Rest der Pflanze zu übertragen. Wenn die Fruchtreife erreicht ist, neigen sich die Dolden, die an einen kleinen Sonnenschirm erinnern, zusammen. Diese Art des Wachstums und der Reifebildung verdeutlicht die Art der Energie sehr gut, die von der Karotte übertragen wird: eine zentripetale Energie, also eine Energie, die ins Zentrum ausstrahlt.

Eine Kartoffel sieht ganz anders aus, sie ist viel massiver und runder. Die Blätter der Kartoffelpflanze sind während des Wachstums auch längst nicht so verzahnt wie die der Karotte, sie sind viel gröber und bei der Fruchtreife auch nicht so geschlossen. Die Kartoffel liefert eine ganz andere Energie, die zentrifugaler und offener ist als die der Karotte, obwohl es sich bei beiden um Wurzelgemüse handelt, das in der Erde gedeiht.

So verleiht die endlose Vielfalt der Formen, die in der Natur vorkommt, ganz spezifische Energien. Sie sind das Ergebnis oder auch das Ziel eines extrem komplexen Prozesses und der Interaktion verschiedener Energien: zum Beispiel Erde, Wasser, Sonne und Mond, um nur die wichtigsten aufzuzählen. Die Formen sind das sichtbare Ergebnis eines Wachstumsprozesses, bei dem verschiedenste, unsichtbare, aber elementare Kräfte eine Rolle spielen. Eine Analogie mit dem Phänotyp (dem äußeren Aspekt) des menschlichen Wesens herzustellen, wäre natürlich sehr verlockend. Übrigens ist es dieser Typ von Beziehung, den die Physiognomik herzustellen trachtet, eine Wissenschaft, die sich bemüht, den Charakter einer Person an seiner Physiognomie abzulesen.

Paracelsus, der berühmte Schweizer Arzt aus dem 15. Jahrhundert, hat viel über die Zeichen geschrieben, welche die Natur mittels ihrer Formen gibt. Diese »Kunst der Signaturen« ist laut seiner Aussage ganz wesentlich, wenn der Mensch die Welt verstehen will, die ihn umgibt und deren Teil er ist. Gemäß seiner Theorie zeigen die Natur und die Welt Ähnlichkeiten *(similitudo)*, die dem offenen und aufmerksamen Menschen erlauben zu verstehen, was die Formen, die Wechselwirkungen zwischen den Pflanzen, die mineralische Welt und der Kosmos auf der energetischen Ebene bedeuten. Diese Lesart ermöglicht es, die Welt zu entschlüsseln und zum Beispiel zu erkennen, was dieses und jenes Obst oder Gemüse uns an energetischen und philosophischen Informationen zukommen lässt. Aber es ist äußerst schwer, sich diese Kunst anzueignen, wenn man den dynamischen, transitiven Charakter eines jeden Lebewesens bedenkt.

Man könnte noch viele Beispiele aufzählen – jedes Mal würde die außergewöhnliche Komplexität der Natur dadurch bestätigt. In östlichen Ländern erachtet man die Nahrung seit Langem als einen der Pfeiler des Lebens und demzufolge der Medizin. Man braucht nur auf die chinesische, tibetische oder indische Medizin zu verweisen, um zu verstehen, dass ihre Art des Umgangs mit der Gesundheit dieser Vorstellung von Energie einen wichtigen Platz einräumt.

Mehrere andere Eigenschaften der Nahrung sind zu beachten: Ist sie heiß, kalt, mild, salzig, sauer, scharf?

Diese Merkmale spielen eine Rolle bei der Definition der Interaktion zwischen dem Körper als Energieempfänger und dem Nahrungsmittel als Energieträger. Je nachdem, ob es sich zum Beispiel um kalte oder warme Nahrung handelt, ist die Energie nämlich eine ganz andere. Die Interaktion kann positiv oder negativ sein. Ein plethorischer, sanguiner Mensch, der in der Hitze des Sommers (die er ohnehin schon schlecht verträgt) etwas Solides, Heißes und Salziges zu sich nimmt, vervielfacht den Exzess, den er bereits in sich trägt. Als Ergebnis droht eine noch größere Fülle, die Herzüberlastungen beschleunigen und somit z. B. zu Herzbeschwerden führen kann. Das ist nur ein Beispiel, aber es macht verständlich, dass der Körper über die Qualität der durch die Nahrung übermittelten Energie von der zugeführten Nahrung profitiert oder darunter leidet.

Sich im Rhythmus der Jahreszeiten zu ernähren, sich bewusst zu machen, dass diese Nahrung eine wohltuende Energie ist, die von lebenden, natürlichen Formen freigesetzt wird, mündet zwingend in dem Grundprinzip, das mir am wichtigsten erscheint: Nahrung lieben und respektieren. Dieses wesentliche Prinzip steht im Mittelpunkt einer ausgewogenen Ernährung. Die Liebe zu dem, was man zu sich nimmt, gesellt sich ganz offensichtlich zu der Liebe, die man sich selbst schuldet, will man sich respektieren. Wenn jemand isst, ohne sich darum zu kümmern, was er auf dem Teller hat, bedeutet das, dass er sich überhaupt nicht für die eigene Person interessiert und dass er sich nicht die Zeit zum Leben zugesteht. Sein Körper wird ihm das durch eine verlangsamte und erschwerte Verdauung mitteilen, durch Blähungen oder Schläfrigkeit.

Der Mensch als Umweltverschmutzer

Die Nahrung, die gegenwärtig in Supermärkten und anderen Geschäften verkauft wird, ist leider zunehmend verfälscht. Obst und Gemüse wachsen auf Böden, die immer ärmer an Mineralstoffen sind. Ausgelaugt werden die Böden auch durch den sauren Regen, Pestizide, Dünger und andere chemische Substanzen. Außerdem pflückt man dieses Obst und dieses Gemüse, während es noch grün ist, denn es muss in Kühlcontainern verschickt werden, um »reif« verkauft werden zu können. Das bedeutet, dass es die Energie nicht in derselben Menge und Qualität enthält wie die Produkte, die man wachsen und reifen lässt, bis ihr Verzehr möglich ist. Auch wenn der Mensch daran denkt, regelmäßig Obst und Gemüse zu sich zu nehmen, ist doch die Nahrung, die wir normalerweise verzehren, nährstoffarm und erhöht damit aufgrund der verwendeten chemischen Substanzen unser Allergierisiko.

Die Frage nach den in der Landwirtschaft verwendeten Pestiziden ist höchst besorgniserregend. Unkrautvernichter wie Lindan, das häufig eingesetzt wird, sind gefährliche Substanzen vom gleichen Typ wie DDT. Genauso schädlich sind die verschiedenen Pestizide mit in der Allgemeinheit wenig bekannten Namen, die exzessiv verwendet werden: Aminotriazol, Atrazin (Herbizid für Mais), Isoproturon (Herbizid für Getreide), Simazin (Herbizid für Weinreben und Obstkulturen) usw. Diese Pestizide und Herbizide dringen in den Boden ein und erreichen das Grundwasser, die Flüsse und Ströme. Trinkwasser muss seinerseits mit Aktivkohle oder Ozon gefiltert werden, damit der Pestizidgehalt 0,1 Mikrogramm/Liter Trinkwasser nicht übersteigt, wie es die aktuellen europäischen Normen verlangen.

Das Problem verstärkt sich noch, denn die Behandlung des Trinkwassers mit Ozon oder beispielsweise auch Wasserstoffperoxid zerlegt die giftigen Substanzen in noch giftigere Derivate. Außerdem werden diese Derivate nicht analysiert, denn sie werden in den Gesetzestexten, welche die Konsumenten schützen sollen, nicht aufgelistet. Das verlagert das Problem nur! Die hohe Konzentration an Nitraten, Rückständen aus Stickstoffdüngern, stellt ebenfalls ein ernsthaftes Problem für die Volksgesundheit dar: Der in den gültigen Gesetzestexten genannte Grenzwert liegt bei 50 mg/l. Diese Exzesse haben weltweit zur Schließung zahlreicher Trinkwasserquellen geführt. Eine Untersuchung[6] aus Frankreich – einem Land, das 1997 95.000 Tonnen Pestizide verbraucht hat! – zeigte, dass trotz der laufenden Behandlung neun von zehn analysierten Proben den Grenzwert überschritten, dass also neun Zehntel des angebotenen Trinkwassers zu viele Pestizide und giftige Substanzen enthalten, was katastrophale Auswirkungen auf das Nervensystem des Menschen hat!

Die Medizin und die für Ernährungsprogramme Zuständigen pflegen in der Regel den Verzehr von vier verschiedenen Früchten und Gemüseportionen pro Tag zu empfehlen. Diese Vielfalt ist unerlässlich, denn der Körper erhält auf diese Weise die Menge an Mineralsalzen, die er benötigt, um seinerseits zum Beispiel die für das Überleben notwendigen Grundstoffe zu gewinnen und im Alltag dem Stress die Stirn zu bieten. Auch wenn diese medizinische Empfehlung sinnvoll ist, dürfte es wegen der anfallenden Kosten und des Zeitmangels schwer sein, sie umzusetzen. Auch wird der Gehalt an Mineralsalzen trotz dieser Vielfalt gering ausfallen, berücksichtigt man die vorherigen Ausführungen. Eine etwas deprimierende Vorstellung, aber leider eine realistische!

Die breite Öffentlichkeit hat vor einigen Jahren erfahren, dass Kühe mit Tiermehl gefüttert wurden, obwohl sie Pflanzenfresser sind, und dass diese Praktik verheerende Folgen für ihre Gesundheit hatte (Rinderwahn oder BSE). Die Maßnahmen der Behörden beschränkten sich darauf, Tausende von Tieren zu töten und dabei laut und vernehmlich zu wiederholen, dass für den Menschen keine Gefahr drohe. Wir wissen inzwischen, dass dem nicht so ist, dass eine tödliche Form von Enzephalopathie nach dem Verzehr bestimmter Organe vom Rind auftreten kann. Dazu laufen auch einige wissenschaftliche Studien, doch was erfährt man – einmal abgesehen von der Tatsache, dass es dauern wird, bevor man das wahre Ausmaß der Katastrophe erfasst – über die Maßnahmen, die verhindern sollen, dass sich solche Vorfälle wiederholen? Schließlich geht es um die Wirtschaftlichkeit ...

Inzwischen ist auch die Rede von Fischzuchten, wo man angeblich die gleichen oder ähnliche Produkte verwertet hat, und anscheinend lassen sich zahllose weitere Beispiele finden. Die Nahrungskette ist in großer Gefahr, und die verhängnisvollen Auswirkungen bedrohen auch das letzte Glied dieser Kette: uns alle, Frauen und Männer. Und das macht Angst! Wenn man sich vor Augen führt, dass der Mensch im Namen der Produktivität bewusst das Risiko in Kauf nimmt, ein natürliches Gleichgewicht zu zerstören, zum dem er selbst gehört, ist man nicht nur traurig, sondern auch empört. Wir haben noch nicht einmal von dem wohlbekannten Problem gesprochen, dass bei der Tierzucht (bei Kälbern und Hühnern beispielsweise) Hormone eingesetzt werden, oder davon, was man über die Zucht von Fischen und anderen Tieren aus der Nahrungskette entdecken wird oder bereits entdeckt hat. Wenn man das, was in der tierischen Nahrungskette passiert, in Verbindung bringt mit dem, was weiter oben über die Entwertung der pflanzlichen Nahrungskette gesagt wurde, fragt man sich zwangsläufig, was dem Menschen noch bleibt, wenn er sich von tierischen und pflanzlichen Nahrungsmitteln guter Qualität ernähren will, die so natürlich wie möglich sind.

Nahrungsergänzungen

Muss man also seine tägliche Nahrung, sei sie noch so gut durchdacht, durch Nahrungsergänzungen anreichern, welche die oben genannten Missstände beheben? Es wäre wünschenswert, jetzt nein sagen zu können, doch im Hinblick auf die aktuelle gesellschaftliche Realität, in der wir leben, lautet die Antwort ja. Es ist ganz wichtig, dass der Mensch regelmäßig und täglich qualitativ und quantitativ ausreichende Energie bekommt, damit er seinen Aufgaben und dem Stress gewachsen ist, der ihm aus Beruf, Familie, Schule u.a. erwächst.

Da es sehr schwer ist, im Handel qualitativ hochwertige Lebensmittel zu finden, obwohl sich eine Gegentendenz abzeichnet, müssen wir unsere Ernährung gezielt ergänzen. Die Ergänzungen sollten Obst, Gemüse und – wenn möglich – Ölsaaten umfassen, die sorgfältig ausgesucht, naturbelassen und reif (nicht mehr grün!) sind. Das Ganze sollte den Jahreszeiten angepasst sein, wie weiter oben erklärt wurde. Diese natürlichen Nahrungsergänzungen sollten außerdem leicht verwertbar sein, damit der Organismus und vor allem die Verdauung nicht überlastet werden.

Die Ergänzungen sind leicht zu besorgen und werden alle oral aufgenommen. Der traditionelle Weg (Mund, Magen, Zwölffingerdarm, Leerdarm, Leber) unterliegt wichtigen Einschränkungen, denn er ist anfällig für Krankheiten aller Art (Magen-Darm-Probleme, Erkrankungen der Leber und der Bauchspeicheldrüse) und für Alterserscheinungen, denn die Verdauungsorgane älterer Menschen haben eine verringerte Resorptionsfähigkeit. Diese Einschränkungen führen dazu, dass die Aufnahme der zusätzlichen Nahrung oder der Nahrungsergänzungen vermindert wird, was ihre tatsächliche oder angenommene Wirkung erheblich begrenzt.

Es ist also wünschenswert, einen anderen, sichereren Weg zu gehen, der die Einnahme sehr leichter und verdünnter Dosen möglich macht. Das überlastet den Organismus nicht durch zusätzliche Arbeit. Außerdem können die Wirkstoffe dann sehr schnell aufgenommen und sehr gut im Körper verteilt werden. Ungefähr

95 Prozent werden innerhalb von Sekunden aufgenommen. Bei dieser wohlbekannten Methode handelt es sich natürlich um die sublinguale Methode. Die Wirkstoffe werden unter die Zunge geschoben und gehen direkt ins Blut über, ohne Umweg über den Verdauungstrakt. Außerdem fällt die Dosis dann minimal, aber exakt aus, und es gibt keine Nebenwirkungen. Und die Methode ist für jedermann geeignet, vom Säugling bis hin zu alten Menschen, die vielleicht Probleme mit der Verdauung oder den Zähnen haben.

Eine völlig neue Klasse von Nahrungsergänzungen muss entwickelt werden, um die Kriterien der Nahrung/Energie zu erfüllen. Diese Ergänzungen müssen sowohl die Natur als auch den Menschen respektieren, der sie zu sich nimmt. Sie dürfen keine Überlastung für den Organismus darstellen, sondern eine Hilfe, um besser leben zu können. Sie müssen einerseits den qualitativen Mangel ausgleichen, den unsere tägliche Nahrung aufweist, und andererseits dem regelmäßigen Nutzer die Energie liefern, welche die (unverdorbene!) Natur bereithält und bereit ist zu geben.

Solche Ergänzungen werden bald auf dem Markt verfügbar sein und so lange einen wichtigen Teil der Nahrung ausmachen, bis der bewusste Konsument von den Erzeugern und Lieferanten eine ausreichende Energiequalität bei Obst, Gemüse und anderen Lebensmitteln verlangt, die auf den Markt gelangen.

Die Rückkehr zum gesunden Menschenverstand

Aufgrund ihrer Form, ihres Gehalts, ihres Reichtums und ihrer Energie ist die Nahrung für die Aufrechterhaltung der Gesundheit ausschlaggebend. Dieses Wissen ist integraler Bestandteil des Gesundheitswesens fernöstlicher Länder. Nahrung und Art der Ernährung sind Teil sowohl der chinesischen als auch der tibetischen und der indischen Medizin, um nur die wichtigsten zu nennen. Jede chinesische Apotheke ist gleichzeitig auch eine Art Restaurant, wo man Speisen anbietet, welche Leiden und Symptome, aber vor allem auch deren Ursachen lindert. Eine bestimmte Speise wird vom traditionellen Arzt aufgrund ihrer Eigenschaften (mild, heiß, sauer, salzig usw.) verschrieben, aber auch wegen der Potenzialitäten (Frische, Leichtigkeit, Schwere), die ihre Wirkung definieren, die wiederum je nach dem energetischen Zustand des Patienten variiert. Das wirkt auf den ersten Blick alles sehr komplex, ist es aber in Wahrheit nicht so sehr, wenn die Ausgangsvision eine globale ist. Das gilt sowohl auf der Ebene der Ernährung als auch auf der des Menschen, die beide Teil des Universums sind.

Diese Herangehensweise weicht natürlich stark von der starren, gewichtsbezogenen Sichtweise in der westlichen Welt ab! Der moderne westliche Mensch weiß im Grunde, dass die Nahrung wichtig ist und dass sie ihm sehr gut oder sehr schlecht bekommen kann. Doch sobald man Begriffe wie Energie und Qualität erwähnt, herrscht betretenes Schweigen. Wir haben zwar viel über Kalorien gesprochen, aber dieser Ansatz ist, wie wir gezeigt haben, alles andere als vollständig und bezieht sich nur auf die Menge, nicht aber auf die Qualität oder die Energie. Begriffe wie Proteine, Kohlenhydrate und Fette reichen nicht, um die Interaktion der Lebensmittel mit dem Körper zu erfassen.

Welche Ernährungsform soll man in einer solchen Situation vorschlagen? Sollen wir die fernöstliche Vorstellung von Ernährung vollständig übernehmen? Sollen wir uns an eine drakonische Ernährungsform oder Diät halten, von denen es so viele gibt: vegetarisch, vegan, makrobiotisch usw.? Manche nähern sich der globalen Vision an, wie zum Beispiel die Diät nach Dr. Catherine Kousmine, die übrigens zu Beginn in Medizinerkreisen sehr verunglimpft wurde. Doch selbst diese Ansätze integrieren das Energetisch-Qualitative nicht vollständig, auch wenn die letztgenannte Ernährungsform ebenfalls von dem Prinzip ausgeht, dass die Nahrung ganz wesentlich für den Erhalt der Gesundheit und an den verschiedenen Heilungsprozessen einer Krankheit beteiligt ist.

Auch andere Ernährungsformen wurden beschrieben, wie zum Beispiel die Kreta-Diät, die auf den wiederentdeckten Wirkungen des kaltgepressten Olivenöls beruht und auf dem Verzehr von heimischen Produkten, die zahlreiche nützliche Antioxidantien enthalten sollen. Diese Ansätze sind sehr interessant, denn sie gehen in die richtige Richtung, das heißt zur Wiederentdeckung dessen, was den letzten Generationen bei ihrer Ernährungsweise abhandengekommen war. Damit ist das überlieferte Wissen um die Qualität naturbelassener, heimischer Produkte und ihrer Verwendung in unserem Alltag gemeint.

Doch ein Deutscher und ein Kreter leben nicht in der gleichen Umwelt und haben auch nicht denselben Geschmack und dieselben energetischen Bedürfnisse. Das bedeutet, dass ihre Ernährung unterschiedlich sein muss. Nehmen wir zum Beispiel die Kuhmilch. Jahrelang hat man in Europa, wo viel davon produziert wurde, die Vorteile von Milch und Milchprodukten wie Butter, Sahne und Käse gepriesen. Ohne Milch wurde die Osteoporose zur Bedrohung für alte Menschen, die Kinder konnten nicht normal wachsen ... Man hat dieses Konzept auf den ganzen Globus übertragen und Milchpulver bei Völkern importiert, die dieses Produkt gar nicht kannten. Nach einigen Jahren hat man festgestellt, dass der Verzehr bei manchen Menschen zu schlimmen Durchfällen führte, da diese das für die Verdauung der Milch verantwortliche Enzym nicht besaßen: die Laktose! Außerdem haben Probleme bei der Sterilisation der Fläschchen die Durchfälle noch verschlimmert und dadurch zu Todesfällen bei Kindern geführt, denen man eigentlich helfen wollte. Dieses Beispiel zeigt fast schon karikierend, was man absolut nicht tun sollte: aufgrund zweifelhafter wissenschaftlicher Studien neue Lebensmittel in Regionen einführen, wo sie bisher nie hergestellt oder von den Bewohnern verzehrt wurden. Sicher ist Olivenöl exzellent für die Gesundheit der Menschen im Mittelmeerraum, aber was ist mit den Völkern Nordeuropas, die viel eher daran gewöhnt sind, Lebertran zu verwenden? Beide Öle sind exzellent für die Gesundheit und verringern das Risiko von Herz-Kreislauf-Erkrankungen, aber muss man sie im Namen ihrer Wirkungen überall auf der Erde konsumieren? Aus wirtschaftlicher Sicht ja, aus gesundheitlicher Sicht nein!

Der westliche Mensch muss sich vor zwei großen Gefahren schützen: einerseits davor, sich in ein Referenzsystem einzufügen, das nicht zu seiner Welt gehört, und andererseits davor, nur mit Begriffen wie Menge und Gewicht zu argumentieren. Es ist richtig, dass alles Energie ist und dass der Mensch zur lebendigen Welt gehört und nur ein Teil von ihr ist. Genauso richtig ist es anzuerkennen, dass die fernöstliche Sicht immer noch weiter geht als die des Westens. Warum also dazu raten, sich nach einer Auffassung zu ernähren, die unserer Lebensweise, unserer Philosophie und unserer Erziehung gänzlich fremd ist?

Andererseits trifft die Behauptung zu, dass die angebotene Nahrung allzu häufig denaturiert ist, weshalb man den Menschen rät, ausschließlich Bioprodukte zu verzehren. Allerdings müsste erst einmal definiert werden, was man unter »bio« versteht, und diese Produkte müssten auch leichter zu bekommen sein. Soll man sich auf Ernährungsweisen stürzen, die bar jeder gesunden Logik sind, wie Traubenkuren, das Weglassen aller Milchprodukte in Gegenden, wo Vieh lebt, oder den Verzicht auf Zucker oder Fett? Natürlich nicht!

Hier gilt in meinen Augen die Grundregel, dass man seinem gesunden Menschenverstand folgen sollte. Die Nahrung ist ganz entscheidend, um sein Gesundheitskapital zu bewahren, bei der Heilung einer Krankheit zu helfen oder wieder in Form zu kommen. Als lebende Materie enthält die Nahrung Energie, die zu dem Organismus, der sie aufnimmt, passt oder nicht. Vergessen wir diese Interaktion nicht! Die Energie definiert sich durch Form, Farbe, Würze, Geschmack und Gehalt des verzehrten Lebensmittels. Das muss man beachten. Wenn man seine Vorlieben und seinen gesunden Menschenverstand bei der Wahl der Nahrung berücksichtigt, ist man durchaus und zu seinem eigenen Vorteil in der Lage, die Nahrung auszuwählen, die man mag und die dann auch der eigenen Gesundheit zuträglich ist.

Kein vernünftiges Wesen käme beispielsweise auf die Idee, wochenlang nur Weintrauben zu essen! Ein Mensch, der häufig Kartoffeln isst, wird im Sommer sehr viel weniger davon zu sich nehmen als im Winter. Dennoch werden bestimmte Personen wie Drogensüchtige oder Kranke eine falsche oder schlechte Auswahl treffen. Soll man sie trotzdem dazu zwingen, ihre Ernährung umzustellen? Und wird sich das dann auszahlen? Natürlich nicht! Soll man sie dann an einem Kurs für Ernährung teilnehmen lassen und ihnen beibringen, sich wieder zu lieben und zu respektieren, damit sie auch ihre Umwelt und ihre Nahrung wieder schätzen? Die Erfahrung spricht für den zweiten Vorschlag und bestätigt einmal mehr die These der Ganzheitlichkeit. Eine junge Frau, die an Magersucht leidet und nur noch Brot und Salz isst, kann (auch gezwungenermaßen) beispielsweise an zahlreichen Kursen über Ernährung teilnehmen. Sie wird dadurch aber nicht ihre Ernährungsweise ändern. Nur eine Therapie, bei der sie lernt, sich selbst wieder zu lieben, wird sie dazu bringen, sich auch wieder besser zu ernähren.

In Zeiten, in denen Modemacher und Designer die magersüchtige Frau verherrlichen, ist es natürlich schwierig, Frauen und vor allem Jugendliche davon zu überzeugen, dass die Nahrung ein Geschenk der Natur ist, die ihre Aufgabe sehr gut gemacht hat, indem sie uns alles bietet, um gesund leben zu können. Unser Gesundheitszustand hängt, wie wir gesehen haben, vom Gleichgewicht zwischen der Körperenergie und der von der Nahrung gelieferten Energie ab. Jedes Ungleichgewicht führt zu Störungen. Bulimie und Magersucht gehören zu den Symptomen, die durch dieses Ungleichgewicht ausgelöst werden. Aus energetischer Sicht stört die von einer Bulimikerin aufgenommene Nahrung dieses Gleichgewicht total: zu große Mengen, mangelnde Abwechslung, mangelhafte Nährstoffversorgung, Junkfood usw. Außerdem führen die Essanfälle zu einer verschlechterten Aufnahme durch den Körper. Die Energien eines Körpers, der schlecht beieinander ist, und die qualitativ schlechte Nahrung harmonieren nicht miteinander, es kommt zu keiner Synergie. Dadurch wird vorhandenes Unbehagen noch verstärkt und ein Teufelskreis entsteht.

Essstörungen: Fettleibigkeit, Bulimie und Magersucht

Mehrere Störungen, unter denen der Mensch leiden kann, haben mit der Ernährung zu tun. Wir wollen hier nicht über durch Hungersnöte ausgelöste Essstörungen sprechen, die leider immer noch eine der größten Geißeln unserer Zeit sind und zu verschiedenen Arten von Mangelernährung wie Kwashiorkor und Unterernährung führen, welche sehr oft den Tod zur Folge haben. In Gesellschaften, in denen genug Nahrungsmittel zur Verfügung stehen, trifft man auf drei große Probleme: Fettleibigkeit, Bulimie und Magersucht. In den USA ist etwa jeder fünfte Jugendliche von Fettleibigkeit betroffen. Sie betrifft ein Drittel der erwachsenen Bevölkerung und verursacht indirekt den Tod von 300.000 Personen im Jahr (siehe Shape Up America! – www.shapeup.org).

Die Aufklärungskampagnen, die zahlreichen Diäten und Fachkliniken spielen eine überaus nützliche Rolle, doch die Tendenz kehrt sich nicht um, im Gegenteil. Die Weltgesundheitsorganisation (WHO) hat 1997 die Fettleibigkeit zur weltweiten Epidemie erklärt, und Experten schätzen, dass sie bald die am weitesten verbreitete Erkrankung auf der Erde sein wird. In Westeuropa gelten etwa 15 bis 20 Prozent aller Erwachsenen als fettleibig. Angeführt wird diese Liste von den ehemaligen Ostblockländern – hier liegt der Anteil fettleibiger Frauen bei 30 Prozent! Studien zeigen, dass auch in den südostasiatischen Ländern der Anteil übergewichtiger Menschen zunimmt, genauso wie in Südamerika und in der Karibik. Auch in China breitet sich die Epidemie aus.

Die Wissenschaft sucht intensiv nach einer genetischen Ursache für die Krankheit, aber bisher haben die Studien keinen Hinweis in der Richtung ergeben. Medikamente haben alle starke Nebenwirkungen, was ihre Verschreibung erschwert. Die Chirurgie hat Wege gefunden, um das Magenvolumen zu verkleinern (in den Magen eingeführte Ballons oder Ringe, die den Mageneingang zusammenziehen). Auch Diäten, Cremes und viele andere Mittel sind mit sehr begrenztem therapeutischem Erfolg angewandt worden. Die Epidemie breitet sich weiter aus und führt zu zahlreichen Komplikationen: Bluthochdruck, Gicht, Diabetes, Herz-Kreislauf-Problemen, Krebs. Auch die wirtschaftlichen Folgen sind extrem kostenintensiv: In den westlichen Ländern werden drei bis acht Prozent der Gesamtausgaben für das Gesundheitswesen vom Kampf gegen die Auswirkungen der Fettleibigkeit verschlungen.

Wo liegen die Gründe für die Fettleibigkeit? Auch hier gehen die Meinungen auseinander, und die Wissenschaft hat noch keine Antwort gefunden. Genetische Ursachen werden noch gesucht, und oft wird alles auf rein ernährungsbedingte Ursachen sowie Stress und Bewegungsmangel geschoben. Doch eine einzige Ursache konnte bisher nicht gefunden werden. Mir erscheint es offensichtlich, dass die Suche nach einem alleinigen Grund eine Illusion ist, denn der Mensch ist ein komplexes Ganzes, was die Wissenschaft noch zu ignorieren scheint – oder ignorieren will, weil sie nach wie vor auf ihrem fragmentarischen Ansatz beharrt.

Bei Bulimie und Magersucht handelt es sich um Verhaltensstörungen, die einen beeindruckend großen Teil an Jugendlichen und jungen Frauen betreffen. Doch auch immer mehr Männer sind davon betroffen. Die Behandlung dieser Störungen hat man den Kinderärzten und den Psychiatern überlassen, denn die Schulmedizin weiß nicht so genau, wie sie mit diesen Erkrankungen umgehen soll.

Was sagen uns diese drei bedeutenden Störungen?

Wenn man einen stark Übergewichtigen oder eine Magersüchtige auf der Straße sieht, empfindet man in der Regel Trauer und Mitleid, denn von ihnen geht ein endloses Unbehagen aus. Sie empfinden die Blicke, die wir voller Ekel auf sie werfen, als Ablehnung ihres Körper und ihres Aussehens, denn wir sehen sie ja nicht von innen, sondern nur von außen.

Der Hauptgrund für die Magersucht Jugendlicher liegt in der Angst davor, dick zu werden und nicht mehr begehrenswert zu erscheinen. Eine negative Vorbildfunktion hat das heutige, von Models propagierte Schönheitsideal. Wenn ein Mensch zu viel und egal was isst oder nur noch sehr wenig zu sich nimmt, hat das sehr konkrete Gründe und ist keine bloße Laune. Man hat derartige Fälle ausführlich untersucht und häufig darauf geschlossen, dass sie an »Verhaltensstörungen« leiden. Das ist eine Binsenweisheit: Jede Krankheit ist verhaltensbedingt! Damit ist auch gemeint, dass es als Verhaltensstörung gilt, wenn man nicht den von der Gesellschaft definierten Normen entspricht. Ist das wirklich so? Bulimie, Magersucht und Fettleibigkeit sind Ausdruck eines inneren Kampfes zwischen dem wahren Wesen, das der Betroffene verlassen hat, dem Bild, das er sich davon macht, und dem Bild, das andere sich davon machen sollen. Wir landen immer wieder bei der Zweiteilung des Lebewesens, das »ist« und das anhand von Kriterien funktioniert, die nicht die seinen sind. Das den Verhaltensstörungen zuzuordnen, bestätigt den Betroffenen in seinen Überzeugungen und stärkt die soziale Komponente auf Kosten des wahren und eigentlichen Ichs, obwohl eine wirksame Behandlung nur Erfolg haben kann, wenn man den umgekehrten Weg einschlägt!

Nehmen wir zum Beispiel den Fall von Stéphanie, einer jungen Frau von 20 Jahren. Sie leidet seit drei Jahren an Bulimie und erbricht regelmäßig, was sie gegessen hat, um nicht dick zu werden. Sie weiß sehr wohl, dass diese Haltung nicht normal ist und kaschiert sie seit Jahren. Sie sucht einen Spezialisten auf, denn sie hat vor, mit ihrem Freund zusammenzuziehen, und will nicht, dass er von ihrem »unnormalen Verhalten« erfährt. Sie erwartet nicht einmal, dass ihr durch die Bulimie ausgelöstes Leid aufhört: Allein ihr Ansehen in den Augen des Anderen motiviert sie, und sie wünscht sich einfach, den sozialen Normen gerecht zu werden. Es hat lange gedauert, bis Stéphanie zugeben konnte, dass ihre Erkrankung nur die Folge eines ausgeprägten Unwohlseins war, das ganzheitlich behandelt werden musste.

Wenn man zu viel und auch noch zwanghaft isst, oder wenn man nichts mehr essen möchte, dann respektiert man sich nicht mehr, man liebt sich nicht mehr. Es ist das Ergebnis eines starken inneren Leidens, und deshalb rufen die Leiden fettleibiger oder magersüchtiger Menschen manchmal auch so große Traurigkeit in uns hervor.

Sollte man diese Menschen zwingen, Diät zu halten, sie überzeugen, dass sie sich besser ernähren müssen, und ihnen klarmachen, dass es schlecht für ihre Gesundheit ist, wenn sie zu viel oder zu wenig essen? Eigentlich wissen sie das ganz genau, können aber nicht anders! Sie würden noch mehr leiden, wenn man ihnen jeden Tag oder bei jedem Arztbesuch eintrichtern würde, dass sie zu- oder abnehmen müssen! Ihr inneres Bild würde nicht profitieren von diesem guten Zureden, das sowieso mit vernichtenden Urteilen endet, die man schon oft zu Ohren bekommen hat: »Aber da Sie sich ja sowieso keine Mühe geben wollen, kann ich nichts mehr für Sie tun!« Dieses Im-Stich-lassen wird in der Regel als absolut empfunden und verstärkt das negative Selbstbild. Der Teufelskreis, in den die Medizin ihre Patienten zwingt, bringt nur noch ein bisschen mehr Leid und verstärkt den Selbsthass des Patienten. (Zum ethischen Wert dieser Haltung geben wir erst gar keinen Kommentar ab!)

Magersüchtige und Fettleibige bekommen von ihrem Gehirn sehr starke Botschaften übermittelt und reagieren sofort auf jede Vorstellung von Nahrung (im Falle der Magersüchtigen) oder von Gewichtsverlust (im Falle der Fettleibigen). Diese Botschaften lösen im ersten Fall spontan Ekel aus und im zweiten eine Hungerreaktion. Im selben Moment reagiert die gesamte Körperchemie, um dem Kranken dabei zu helfen, sein »Problem« zu lösen. Der Körper empfindet Abscheu, sondert Substanzen aus, die zu Sodbrennen oder Ähnlichem führen oder das Hungergefühl anregen, und so kommt es zu einer Verschlimmerung der Störung, an der ein Patient leidet.

Es besteht eine sehr enge Verbindung zwischen dem Gehirn und dem Stoffwechsel, die in Wahrheit nämlich eins sind. Das Gehirn ist unfähig, das deformierte Bild zu korrigieren, das der Patient von sich selbst hat. Eine Magersüchtige leugnet ihr Problem beispielsweise, behauptet einfach, dass ihre Freundinnen noch dünner seien als sie, und hat demzufolge Angst davor zuzunehmen, obwohl sie vielleicht nur noch 35 Kilo wiegt!

Dieser »Irrsinn« oder diese Irrationalität ist nicht zu leugnen. Und die Tatsache, dass das Denken und die Körperreaktionen so eng miteinander verknüpft sind, verstärkt das Problem noch. All dies zeigt tendenziell einmal mehr, dass der von diesen Störungen betroffene Mensch das Ganze sehr intensiv erlebt und im Moment des Leidens seine eigene Krankheit *ist*. Die Krankheit ist sozusagen programmiert, und wenn der Kranke sich dessen bewusst wird, ist das ein immenser Schritt nach vorn. Trotzdem muss man diese Automatismen und Assoziationen zwischen Denke und Körper abstellen und quasi umprogrammieren.

Aber kommen wir noch einmal zu Stéphanie zurück. Ihre Attacken sind unkontrollierbar und kommen in unregelmäßigen Abständen. Diese Attacken sind sehr hart für sie, denn sie *muss* essen, während eine Stimme ihr sagt, dass das dumm und schlecht für sie ist. Ihr Verlangen ist zu stark, und sie kann keine Vernunft annehmen. Sie ist komplett irrational und hat den Eindruck, verrückt zu werden. Das auf eine Attacke folgende Erbrechen bedeutet, dass diese vorüber ist und dass Stéphanie diesen Moment des »Wahnsinns« von sich weist – bis zum nächsten Mal.

Stéphanie lebt in dauernder Anspannung, denn sie fürchtet sich vor diesen Attacken und weiß, dass sie ihr Kommen höchstens hinauszögern kann. Sie glaubt, überhaupt keinen Willen zu besitzen, und hat ein sehr schlechtes Bild von sich. Sie hält sich für eine Frau ohne Format, die sich darüber wundert, dass ihr Freund mit ihr leben will. Und sie leidet darunter, ihm nicht gestehen zu können, dass sie an Bulimie erkrankt ist.

Als ich Stéphanie nach dem Grund für diese Attacken fragte, verlor sie sich in immer wieder gelesenen und aufgeschnappten Erklärungen: »Das muss daran liegen, dass ich eine Leere in mir ausgleichen will oder weil ich damit süße Kindheitserinnerungen verbinde.« In Wahrheit schien sie von diesen Erklärungen keineswegs überzeugt zu sein und kannte den eigentlichen Grund für diese Attacken nicht. Aber das kümmerte sie wenig. Sie wollte nur eines: dass ihre Attacken aufhören! Und bis dahin wollte sie wenigstens ein Mittel finden, um deren Häufigkeit und Heftigkeit zu verringern. Sie hatte akzeptiert, dass ihr Leben aus einem unaufhörlichen Kampf gegen diese Attacken bestand, und war unter diesem Eindruck nur zu der Aussage fähig: »Ich habe Bulimie und möchte es schaffen, damit und mit meinem Freund zu leben, Kinder aufzuziehen und zufriedenstellende Sozialkontakte zu haben, ohne dass die Leute von meiner Krankheit etwas bemerken.«

Stéphanie hatte sich nie gefragt, wie es zu diesen Attacken kam, was sie erzeugte, was ein solches Unwohlsein hervorrief, dass der einzige Ausweg der war, sich auf die Nahrung zu stürzen wie andere, die rauchen, Drogen nehmen, trinken oder joggen. Um auf diese Fragen zu antworten, musste Stéphanie sich auch nicht *in* eine dieser Attacken zurückversetzen, sondern in die Zeit *vor* einer solchen. Sie hat schnell erkannt, dass jeder Attacke eine große Anspannung vorausging. Woher kam diese Anspannung? Meist von einem Vorfall, der eine Emotion hervorrief, die auszuleben oder auszudrücken sie sich nicht erlaubte! Diese unterdrückte Emotion rief eine Anspannung hervor und führte über kurz oder lang zu einer weiteren Attacke.

Sich bewusst werden beziehungsweise dem Betroffenen bewusst machen, dass er seine Erkrankung selbst programmiert hat, ist der erste Schritt. Aber was muss man tun, um dem Patienten bei der Heilung zu helfen (indem man ihm gleichzeitig deutlich macht, dass er der Einzige ist, der sich heilen kann)? Was ist mit Medikamenten?

Manche Medikamente wie Antidepressiva und Beruhigungsmittel sind komplett ungeeignet. Sie dienen nur dazu, die wahren Probleme zu verschleiern, und das daraus entstehende Leiden zeigt sich in den Symptomen, die mit dem Unwohlsein zusammenhängen. Solche Medikamente bringen nur die Illusion einer Besserung, die weniger nützlich als kontraproduktiv ist. Appetithemmende oder appetitanregende Substanzen wirken über das vegetative Nervensystem, was zu allzu bekannten und vor allem höchst unangenehmen Nebenwirkungen führt, wie einem trockenen Mund, Herzrasen und Übelkeit. Die Allopathie hält auch für diese Symptome Lösungen bereit, doch da das Symptom nicht der Grund für die Erkrankung ist, helfen diese Medikamente oder andere Substanzen dem Kranken selten dabei, seine Probleme zu regeln.

Können solche Medikamente denn das Leiden vorübergehend lindern? Ja, das können sie, aber das Risiko, abhängig zu werden, ist groß. Sie verlagern das Problem ja nur, indem sie von der sehr unwahrscheinlichen Annahme ausgehen, dass der Patient nicht mehr an seiner ursprünglichen Störung leidet, die sich in gestörtem Essverhalten zeigt. Von etwas abhängig zu werden ist eine andere Art, sich nicht zu lieben. Folglich ist es besser, auf jedes Medikament zu verzichten, außer in sehr schweren Fällen, wenn das Leben in Gefahr ist.

Wenn weder Medikamente noch die klassische Psychoanalyse, Ernährungsprogramme und andere Ansätze überzeugend und nicht einmal wünschenswert sind, was dann? Soll man die Betroffenen ihrem Leiden überlassen und darauf warten, dass sie selbst damit zurechtkommen? Natürlich nicht! Der einzig praktikable Weg besteht in dem Versuch, ihnen ein reales Bild ihrer selbst zu vermitteln, ein Bild, das sie oder man völlig oder teilweise zerstört hat. Es bedeutet auch, dass man ihnen helfen muss, Selbstrespekt und Selbstliebe wiederzufinden. Das mag idealistisch klingen, aber in Wahrheit führt nur dieses Vorgehen zu nachhaltiger und echter Heilung. Das Vorgehen muss umfassend und ganzheitlich sein, damit ein geistiger und körperlicher Heilungsprozess in Gang kommt. Nur der Betroffene ist dazu fähig, nach dem reinen, wundervollen und von Liebe erfüllten Wesen in ihm zu suchen, das seit Anbeginn der Zeiten existiert, aber nie »gehätschelt« wurde, was zu der Störung geführt hat, unter der er leidet.

Die Nahrung ist nicht unser Gegner

Ein Anfall von Bulimie (also eine Fressattacke) ist – wie wir an Stéphanies Fall gesehen haben – ein Moment, in dem ein Mensch essen *muss*, um das nicht kontrollierbare Bedürfnis danach zu stillen, sich mit Nahrung »vollzustopfen«. Diese Nahrung kann süß oder salzig sein, aber für eine Bulimikerin sind alle Kombinationen denkbar, denn der Essdrang ist stärker, und »alles, was man in die Finger kriegt«, kann dieses heftige Verlangen stillen.

Wegen der Heftigkeit und der Tatsache, dass man nicht widerstehen kann, wird diese Krankheit in Fachkreisen als »Zwangsstörung« bezeichnet. Meistens tritt dieser Drang auf, wenn die Betroffene allein ist, denn dann kann sie diesem zwanghaften Bedürfnis ungestört und ohne Scham nachkommen. Einige der an Bulimie leidenden Personen scheiden die Nahrung nach einer solchen Attacke wieder aus, indem sie sich entweder erbrechen oder indem sie wiederholt Abführmittel oder Einläufe benutzen. Sie leiden unter zu starkem Völlegefühl und fühlen sich entsprechend schlecht oder haben Angst davor zuzunehmen. In der Regel heißt es, das diejenigen, die sich erbrechen, schlimmere Fälle sind als die anderen. Der größte Teil der an Bulimie Leidenden sind Jugendliche und Frauen, obwohl diese Krankheit seit einigen Jahrzehnten auch mehr und mehr Männer betrifft. Nach einer solchen Attacke ist die Bulimikerin häufig deprimiert und wütend auf sich selbst, denn erstens weiß sie, dass sie sich schadet, und zweitens fühlt sie sich herabgesetzt, weil es ihr nicht gelungen ist, einem Verlangen zu widerstehen, das aus ihrem tiefsten Inneren kommt.

Eine Bulimikerin lebt von Attacke zu Attacke, kämpft manchmal mit einem gewissen Erfolg gegen diese an (was bedeutet, dass sie es manchmal schafft, dem Drang nicht nachzugeben), doch meist endet es damit, dass sie viel und zwanghaft isst. Sie versucht mit mancherlei List, diesem Drang nicht nachzugeben. Das reicht von übermäßiger Bewegung bis zu anderen Formen der Ablenkung. Die Nahrung wird zum Gegner und zum Grund für das Leiden; Vorratskammer und Kühlschrank sind leer, und die Angst vor der nächsten Attacke ist allgegenwärtig. Meist hilft nichts und es kommt zu einer Attacke nach der anderen, entweder innerhalb weniger Tage oder Wochen oder ganz regelmäßig.

Wie wir bereits betont haben, ist nicht die Nahrung die Ursache, sie ist nur ein Ventil – vergleichbar der Zigarette für den Raucher, dem Alkohol für den Alkoholiker oder den Drogen für Drogensüchtige. Die Nahrung – egal, ob salzig oder süß – ist auch nicht dazu da, um Kindheitserinnerungen an die Großmutter wachzurufen, wie sie Obstkuchen backte. Das erklärte mir eines Tages eine Patientin, die eine Psychoanalyse gemacht hatte und das Warum ihrer Attacken zu kennen glaubte, was aber nicht dazu führte, dass sie diese abstellen konnte! Die Art von Erklärung, die man in so manchem Buch und bei zu vielen Therapeuten antrifft, bringt nichts und hat keinerlei wissenschaftliche Basis. Sie »erklärt«, hilft aber dem Kranken kein bisschen bei der Heilung! Die Nahrung bleibt der Fokus, und natürlich konzentriert die Kranke ihre ganze Energie darauf, gegen diese Nahrung zu kämpfen, um ihren Gelüsten nicht mehr nachgeben zu müssen. Nichts klappt mehr, und es ist erstaunlich, dass viele Therapeuten ihre »Therapien« weiter auf die Nahrung und alles rundherum ausrichten.

Wenn die Nahrung nur ein Ventil ist, dann liegt der wahre Grund für das Leiden an anderer Stelle. Er findet sich in der Zeit vor einer Attacke und nicht während einer solchen. Der Auslöser liegt nicht irgendwo mehrere Jahre zurück in der Vergangenheit oder im Anbeginn der Zeiten, sondern vielmehr in den Augenblicken vor der Attacke. Diesen Auslöser muss man meistens in dem Tag oder den Stunden suchen, die der Attacke vorangehen. Er muss für den Patienten wichtig genug sein und eine heftige Anspannung ausgelöst haben, damit er zu einem so unwiderstehlichen Verlangen führt. Es handelt sich dabei um eine Anspannung, die aus dem tiefsten Inneren des Menschen und aus der Konfrontation zweier Aspekte dieser Person kommt: der Konfrontation zwischen der »richtigen« und der »falschen« Person! Die falsche Person ist derjenige Teil, der in Bezug auf die Anderen funktioniert, um sich selbst kreisende Gedanken hegt und in der Vergangenheit oder der Zukunft lebt. Sie hat erneut triumphiert und die Oberhand gewonnen.

Die Behandlung zielt darauf ab, den Betroffenen wieder auf sein wahres Ich auszurichten, das im Hier und Jetzt lebt, sich um sich selbst kümmert und lebt, was es empfindet. Dazu gehört auch, sich wieder Vertrauen zu sich selbst zu erarbeiten, was zwangsläufig zu einem Rückgang der falschen Verhaltensweisen führt, die man aufgrund anderer und nicht aufgrund der echten, eigenen Persönlichkeit angenommen hat. Dazu gehört in der Folge auch ein Rückgang sowohl der Häufigkeit als auch der Heftigkeit der ursprünglichen Anspannung bis hin zu ihrem Verschwinden. Und daraus folgt dann natürlich die gründliche und dauerhafte Heilung von der Bulimie. Die Nahrung wird wieder zu einer Verbündeten, die in der Lage ist, die optimale Energie für ein gutes und glückliches Leben zu liefern. Sie wird ihren angestammten Platz wieder einnehmen, denn die an Bulimie leidende Person wird sich wieder lieben und respektieren, und sie wird auch wieder respektieren, was sie zu sich nimmt. Dieser Ablauf ist der gleiche bei der Heilung aller anderen Ernährungsstörungen.

Sie werden mir jetzt sagen: »Das ist ja alles schön und gut, aber das ist die Theorie, denn in meinem Alltag gelingt es mir nicht, jeder Anspannung auszuweichen, denn das Leben selbst ist eine Quelle für Anspannungen!« Stimmt, das Leben ist nicht immer leicht, es bringt schwierige und traurige Momente mit sich. Dem müssen wir uns stellen. Die Art, wie wir das machen, ist entscheidend.

Deutlich wird das an einem anderen Beispiel. Stellen wir uns eine Frau vor, die Mutter ist und obendrein noch arbeitet. Diese Frau muss an ihrem Arbeitsplatz verletzende Bemerkungen von anderen einstecken. Abends kommt sie nach Hause, wo ihre Kinder warten, die (in ihren Augen) unerträglich und überdreht sind. Und ihr Mann hatte einen sehr schlechten Tag und schmollt! Nachdem sie ihren häuslichen Pflichten nachgekommen ist, bleibt diese Frau womöglich allein zurück, ist vom Tag erschöpft und könnte zwanghaft anfangen zu essen. An einem anderen Tag wird es nicht dazu kommen.

Worin liegt der Unterschied zwischen den zwei Tagen? Die Müdigkeit ist die gleiche, die Umgebung ist es auch (Büro, Kinder, Mann), aber die Folge ist entweder großes Leid, das einen Bulimie-Anfall auslöst, oder einfach nur Müdigkeit, die zu tiefem und erholsamem Schlaf führt. Der ganze Unterschied besteht in der Haltung, welche die Frau tagsüber einnimmt. Lebt sie im Hier und

Jetzt oder nicht? Zeigt sie ihre Wut über die verletzenden Bemerkungen, denen sie an ihrem Arbeitsplatz ausgesetzt war? Äußert sie ihre Trauer darüber, was im Büro vorgefallen ist? Verschließt sie ihre Emotionen in ihrem Innern, und zwar aufgrund von Prinzipien oder aus anderen Gründen, die ihr nicht erlauben, das auszudrücken, was sie eigentlich empfindet?

Im ersten Fall wird es keine Anspannung geben, und folglich wird sie nur müde sein; im zweiten wird es in mehrerlei Hinsicht zu Anspannung kommen und deren Nicht-Ausdrücken einen Essanfall hervorrufen. Wir erkennen, dass allein die Haltung dieser Frau im Hinblick auf das, was ihr im Alltag passiert, über ein mögliches Unwohlsein entscheidet, das sich in einem Essanfall Luft macht. Die Nahrung hat mit diesem Problem überhaupt nichts zu tun, genauso wenig wie die Umgebung! Allein die Frau entscheidet darüber, ob sie sich das Recht zugesteht, ihre Wut zum Ausdruck zu bringen, ihre Trauer zu leben und sich dadurch auch zu respektieren. Niemand kann das an ihrer Stelle tun, genauso wenig, wie sie in der Lage ist, ihre Umgebung und die Anderen zu ändern. Die Spannungen kommen nicht von außen, sondern von innen. Sie verschwinden, sobald diese Frau sich das Recht zugesteht, ihre Emotionen zum Ausdruck zu bringen und zu leben. Es mag einfach zu verstehen sein, ist aber oft sehr schwer umzusetzen, denn unsere gesamte Erziehung steht im Gegensatz zu diesem Grundprinzip.

Kapitel 6

Die Liebe als Essenz des Lebens

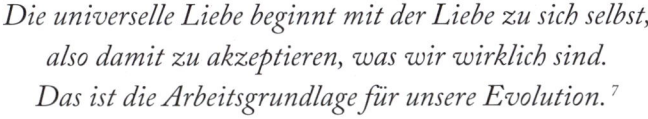

Die universelle Liebe beginnt mit der Liebe zu sich selbst,
also damit zu akzeptieren, was wir wirklich sind.
Das ist die Arbeitsgrundlage für unsere Evolution.[7]

Pir K. Ançari

Ohne Liebe existiert nichts, denn sie ist alles, sie *ist* das Ganze! Ohne sie kommt es zu Identitätsverlust, Krankheit, Eifersucht, Neid, Zerstörung und Krieg.

Die Liebe ist unpersönlich und persönlich, selbstlos und allumfassend. Sie ist überall, in uns und um uns und auf allen Ebenen vorhanden: der menschlichen, himmlischen und kosmischen. Sie existiert und man muss Kontakt zu ihr aufnehmen, in uns und um uns herum. Sie umgibt uns und die Welt.

Der Mensch liebt nicht mehr wirklich, liebt sich nicht mehr, kennt sich nicht mehr, erkennt sich in nichts wieder, denn er hat den Glauben an sich verloren. Aber wie kann er ohne diesen Glauben davon träumen, von den Anderen geliebt zu werden? Wie kann man ohne Selbstrespekt andere respektieren und von ihnen respektiert werden? Wie kann man ohne Selbstliebe bei guter Gesundheit leben? Wie kann man ohne Liebe einem Kind beibringen, dass es ein wundervolles Wesen ist, voller Qualitäten, die es nur aus sich schöpfen muss, um glücklich zu leben? Wie kann man vorgeben, ohne die Liebe zu sich selbst, zu anderen und zur Umwelt gut zu leben?

Die Gesundheit ist wie alles andere auch von der Liebe abhängig. Wir haben gesehen, dass wir angespannt und krank werden, wenn unsere Denke die Oberhand gewinnt. Denn sie verweigert uns das Recht zu sein, zu empfinden und das Empfundene auch zu leben. Anspannung und Krankheiten sind Beweise für einen Mangel an Respekt (und folglich an Liebe!) uns selbst gegenüber.

Wir kommen alle mit Qualitäten zur Welt, und diese sind bei jedem im Wesentlichen die gleichen: Intelligenz, Einfühlungsvermögen, Kreativität, Neugier (auf die Welt), Unabhängigkeit, Spontaneität, Begeisterung, Sinnlichkeit, Intuition usw. Sie sind in unterschiedlichen Anteilen bei jedem von uns vorhanden, was die Einzigartigkeit der Menschen erklärt. Solange wir diese Qualitäten im Leben nutzen und wir selbst bleiben, sind wir glücklich, einig mit unserem Gewissen und unserer Umwelt und bei guter Gesundheit. Das ist leicht zu erklären, denn solange wir uns respektieren, zeigt unser Körper uns, dass wir auf dem richtigen Weg sind. Dann empfinden wir Frieden und Glück und sind ausgeglichen. Diese Empfindungen sind tief in uns verankert: Wir »wissen«, dass es uns gut geht! Wir »denken« nicht, dass es uns gut geht, sondern wir haben die Gewissheit, und diese duldet keinerlei Infragestellen. Je stabiler und besser unsere Gesundheit ist, desto mächtiger sind diese Empfindungen und dieses Wissen.

»Man selbst sein« bedeutet zu nutzen, was wir in uns selbst tragen, unsere Qualitäten auszuschöpfen, sie zu entwickeln. Und das kann nur im Hier und Jetzt geschehen, denn – das dürfen wir nicht vergessen – wir *sind* jetzt und nicht gestern oder morgen! Wenn wir unsere Qualitäten leben, erbringen wir uns selbst einen Liebesbeweis. Das zu respektieren, was wir in uns tragen, bedeutet, dass wir uns lieben. Der Respekt ist die Grundlage für die Liebe und für jede Beziehung, ob zu anderen Menschen, zu Tieren, Pflanzen oder der mineralogischen Welt. Ohne den Respekt vor dem, was wir sind und in uns tragen, können wir auch unsere Umwelt nicht respektieren. Das erklärt leider auch, warum unsere Umwelt verschmutzt ist, warum sie Krieg führt (in wirtschaftlicher und militärischer Hinsicht), warum die uns umgebende Welt gewalttätig und »seelenlos« ist. Wenn der Selbstrespekt fehlt, ist auch nicht vorstellbar, dass die Welt, in der wir leben, anders ist. Sie kann es nicht sein, denn sie ist unser Abbild!

Die Gesellschaft ist nichts anderes als der Zusammenschluss Einzelner mit dem Ziel, ihre Ressourcen gemeinsam zu nutzen. Sie ist nur der Spiegel dessen, was im Inneren eines jeden ihrer Mitglieder gelebt wird, so wie der Körper nur der Spiegel dessen ist, was sich in uns abspielt. Wenn die Liebe gegenwärtig ist, erstrahlt der Mensch und möchte, dass die Welt, in der er lebt, auch so ist. Wenn die Liebe nicht unser Innenleben und unser Verhältnis zur Gesellschaft bestimmt, dann breiten sich Unwohlsein, Hass, Eifersucht, Neid und Gewalt aus. Und die Gesellschaft ist ja nur das Spiegelbild des Innenlebens eines jeden von uns. Es kommt mir illusorisch vor zu denken, dass der Mensch besser wird, wenn die Gesellschaft oder die Welt, in der die Menschen leben, sich ändert. Nicht die Umwelt prägt den Menschen, das Gegenteil ist der Fall!

Die Illusion, die Politiker aller Couleur, Soziologen aller Schulen, die Kirchen und alle anderen gesellschaftlichen Gruppen uns seit Jahrzehnten vorgaukeln, ist zweifelsohne verantwortlich für diese Probleme. Diese Lüge ist schlimm. Es ist, als würde man uns eintrichtern: »Der Einzelne ist unfähig, aus eigener Kraft glücklich zu sein, man muss ihm deshalb eine Welt errichten, die so gut wie möglich ist, damit er sich weiterentwickelt, damit er besser und verantwortungsbewusster wird.« Diese Illusion, diese Lüge hatte ihre goldenen Zeiten in der Ära des Nationalsozialismus und des Kommunismus, aber auch Kirchen und Sekten aller Nationalitäten und Rassen haben davon profitiert! Ihre Dogmen haben zu einem Verlust des Verantwortungsbewusstseins beim Einzelnen geführt, dessen man sich übrigens mehr und mehr annimmt. Wie kann man nur glauben, die Gesellschaft könne lieben? Ein solch kopflastiges und denkendes Gebilde kann doch nicht lieben! Es kann nur um sich selbst kreisen! Wir alle machen das zu häufig, aber manche haben daraus ihren Lebensinhalt gemacht... oder ihren Beruf!

Es geht nicht darum, die Idee der Gesellschaft in Frage zu stellen. Aber man sollte nicht vergessen, dass die Gesellschaft nicht an unserer Stelle sein, leben, empfinden oder lieben kann. Die Gesellschaft, die Umwelt und das Äußere existieren, können aber den Einzelnen nicht glücklich oder unglücklich machen. Natürlich können sie einen Einfluss ausüben, aber für unser Unwohlsein sind sie nicht verantwortlich. Auch Menschen, die in einer wundervollen Umgebung leben und alle erdenklichen materiellen Annehmlichkeiten haben, können unglücklich sein, während andere, die nichts von dem haben, glücklich sind. Die Umwelt (zu der auch die Gesellschaft gehört!) ist nur einer von mehreren Faktoren und nichts anderes!

Auf gesundheitlicher Ebene wollten manche »Wissenschaftler« uns glauben machen, dass die Welt gesünder und die Zahl der Krankheiten zurückgehen würde, wenn die Lebensbedingungen nur besser wären. Der berühmte Slogan der WHO, »Gesundheit für alle im 21. Jahrhundert«, ist Teil dieser Illusion. Es stimmt, dass bestimmte Krankheitsarten auf der ganzen Welt zurückgegangen sind, weil die äußeren Bedingungen verbessert wurden, zum Beispiel durch den Bau von Brunnen und Latrinen oder durch die Aufklärung der Bevölkerung in Sachen Hygiene. Diese wenigen Erfolge haben manche dazu verleitet, vorschnell und nicht gerade wissenschaftlich darauf zu schließen, dass die Umwelt die Gesundheit beeinflusst. Um diese Behauptung zurechtzurücken, reicht die Feststellung, dass dafür andere Krankheiten aufgetaucht sind. Es stimmt schon, die Umwelt begünstigt bestimmte Arten von Krankheiten. Aber es ist interessant hervorzuheben, dass einerseits die Umwelt meistens denen gleicht, die sie bewohnen, und dass andererseits die Menschen in der gleichen Umgebung nicht immer gleich reagieren: Manche sind bei bester Gesundheit, andere sind krank. Diese einfache Feststellung, zu der es keiner wissenschaftlichen Genauigkeit bedarf, reicht aus, um zu zeigen, dass die Umwelt, so wichtig sie auch sein mag, nicht im Zentrum der Gesundheit und des Glücks der Menschen steht.

Da die Umwelt nicht die treibende Kraft und die Hauptursache für Glück oder Unglück des Einzelnen ist, muss man sich erneut dem Einzelnen zuwenden und dem, was er empfindet, was er lebt – nicht in Bezug auf Äußeres, sondern auf das Innere. An dieser Stelle ist es ganz wichtig, die Tatsache zu akzeptieren, dass wir selbst schuld sind, wenn wir angespannt und krank sind, und nicht die Anderen oder die Umwelt!

Nehmen wir ein einfaches Beispiel. Wenn ich mich aufrege, weil ein Freund etwas zu mir sagt, das ich nicht akzeptiere (ob es wahr oder falsch ist, spielt hier keine Rolle!), kann ich ihm entweder vorwerfen, dass er mich verärgert hat, woraufhin ich schlecht geschlafen und außerdem meine Kinder ganz grundlos angemotzt habe, oder ich kann mir klarmachen, dass mein Körper mir mittels der Zeichen, die er aussendet, zu sagen versucht, dass ich mich gerade nicht respektiere und nicht liebe. Wenn ich mir diese Frage stelle, lenke ich die Aufmerksamkeit wieder auf mich – was sehr wichtig ist, denn so fange ich an, mir meiner selbst bewusst zu werden. Ich werde sehr schnell zu der Schlussfolgerung kommen, dass ich Wut und Ärger verspüre. Mich respektieren bedeutet, dass ich zulassen muss, diese Emotion auszuleben. Indem ich das tue, verschwindet meine Wut, ich schlafe wie ein Murmeltier und am nächsten Morgen überschütte ich meine Kinder auch nicht mit ungerechtfertigten Vorwürfen ... Mein Körper (mein Ich) reagiert auf die Außenwelt (in diesem Fall auf das, was mein Freund gesagt hat), was meine Wut schürt. Diese Wut ist da. Es kommt nicht in Frage, sie zu leugnen oder sich zu fragen, ob sie gerechtfertigt ist oder nicht. Sie muss gelebt werden!

Selbstliebe bedeutet in diesem Beispiel, seine Empfindung – das ist in diesem Fall Wut – im Hier und Jetzt seine Empfindung auszuleben. Wenn wir das tun, schickt unser Körper eine Botschaft der Entspannung, der Erleichterung und des Wohlgefühls. Dagegen wird sich ein Mangel an Selbstliebe und Selbstrespekt in sofortiger, innerer Anspannung zeigen, gefolgt von den vorab zitierten Anzeichen. Die Umgebung, die Umwelt haben mit meinem Unwohlsein nicht viel zu tun.

Michèle leidet an einem wiederkehrenden, überaus bösartigen Hautkrebs (einem Melanom). Ihr Allgemeinzustand ist gut, aber in der Bauchspeicheldrüse und in der Leber wurden Metastasen gefunden, obwohl der ursprüngliche Tumor operativ entfernt worden war. Michèle ist 40 Jahre alt, hat vier Kinder und leitet ein Unternehmen, das ihr Vater gegründet hat. Letzterer hatte seinen Sohn als Nachfolger einsetzen wollen, doch nach seinem Tod bei einem Autounfall war Michèle eingesprungen.

Der erste Tumor ist drei Jahre nach dem Tod ihres Bruders, den die Patientin anscheinend gut verkraftet hatte, aufgetreten. Sie zögert nicht eine Sekunde mit der Antwort auf die Frage, warum sie an Hautkrebs leidet: Die Beziehung zu ihrem Vater ist der Grund. Sie wirft ihm vor, zu autoritär zu sein, ihr kein Selbstvertrauen einzuflößen, sie immer noch wie eine Sekretärin zu behandeln und gleichzeitig ganz viel bei ihr abzuladen. Ihr Krebsleiden resultiert aus diesen Tatsachen, doch sie möchte unbedingt leben, um das Dasein zu genießen und sich als Mutter, Firmenchefin und Ehefrau verwirklichen zu können. Sie möchte ganz grundsätzlich an sich arbeiten, denn sie verspürt das Bedürfnis dazu und hofft, dass es noch nicht zu spät ist. Sie ist sogar bereit, sich aus dem Unternehmen zurückzuziehen, sollte das zum Überleben nötig sein. Natürlich hat sie Angst, denn sie weiß genau um die sehr düstere Prognose angesichts ihres Gesundheitszustands.

Michèle ist eine intelligente und einfühlsame Frau, und doch ist ihr Fall ein perfektes Beispiel für unsere Ausführungen: Einerseits erkennt sie, dass die Haltung ihres Vaters ihr gegenüber die eigentliche Ursache für ihren Krebs ist, und andererseits empfindet sie das Bedürfnis, an sich selbst zu arbeiten, um bestimmte persönliche Probleme zu lösen, an denen sie leidet. Sie denkt, dass ihr Krebsleiden verschwinden könnte, wenn sie die Umgebung ändert und einige persönliche Probleme löst. Dieser sehr kopflastige, analytische und logische Ansatz ist zum Scheitern verurteilt: Wo befindet sich Michèle denn? Wenn ich »Michèle« sage, meine ich die, die lebt, die wütend auf ihren Vater ist, aber auch traurig darüber, von ihm nicht als würdiger Nachfolger anerkannt zu werden, so wie ihr Bruder es gewesen wäre. Ihr mangelndes Selbstvertrauen resultiert sicher aus der elterlichen Haltung, aber ihr jetziges Leiden ist nur die »logische« Folge der Tatsache, dass sie sich das Recht auf ihr Leben nicht nimmt und sich nicht zugesteht, ihre Wut und ihre Trauer auszuleben. Nicht mehr, aber auch nicht weniger! Und daran stirbt sie... Michèle hat das auf intellektueller Ebene sehr schnell verstanden und dann auch verinnerlicht, was sie dazu gebracht hat, die Wut auf ihren Vater zum Ausdruck zu bringen. In diesem Moment haben die Ärzte festgestellt, dass ihre Metastasen verschwunden waren!

Sie hat weiter an sich gearbeitet, nicht mithilfe der klassischen Analyse, sondern indem sie lernte zu verstehen, was ihr Körper ihr mittels der Symptome sagen wollte. Sie hat sich auf ihre Empfindungen konzentriert und sich erlaubt, sie zu leben, statt sie weiter zu ignorieren, wie sie es davor zu tun pflegte. Sie ist heute geheilt und hat mir kürzlich gesagt, dass der Krebs das Schönste war, das ihr in ihrem Leben zustoßen konnte! Ein wundervolles Abenteuer, das von einer Frau gelebt wurde, deren Fähigkeiten über das gewöhnliche Maß hinausreichen, werden Sie mir sagen? Sicher, aber jeder Mensch, der leben will, ist fähig zu diesem Abenteuer. Es gibt nur eine Bedingung: Jeder ist für seine Gesundheit selbst verantwortlich, nicht die Umwelt. Und wir haben es ja gerade gesehen: Alles ist möglich, sogar die Heilung von einem so aggressiven Krebs wie dem bösartigen Melanom mit Metastasierung!

Es ist schwierig anzuerkennen, dass wir an mangelnder Selbstliebe leiden. Erstens ist dieses Geständnis hart, denn es ist leichter, sich auszumalen, dass die Anderen für unser Unglück verantwortlich sind. Außerdem hat unsere Erziehung uns gelehrt, andere mehr als uns selbst zu lieben und nicht *wie* uns selbst, was die hei-

ligen Schriften in Wahrheit auch predigen! Diese falsche Ausle-
gung einer Botschaft, die vielen Religionen und philosophischen
Richtungen gemein ist, hat verschiedene Gründe, und es wäre sehr
langatmig, sie alle analysieren zu wollen. Es erscheint mir jedoch
wichtig, zwei dieser Gründe hervorzuheben: die elterliche Erziehung und die soziale Norm.

Eltern möchten von ihren Kindern geliebt werden, was ja auch
ganz normal ist. Doch ein falsch gelebtes Bedürfnis nach Liebe –
was leider allzu häufig vorkommt! – führt zu Egoismus. Dieser Begriff kann auf unterschiedliche Art interpretiert werden: Man kann
ihn negativ auffassen und damit meinen, dass man »dem Anderen
die Bettdecke wegzieht, ohne sich um ihn Gedanken zu machen«.
Manchmal ist er aber auch positiv gemeint und bedeutet, dass ein
Mensch in sich selbst ruht und somit glücklich ist, was meist zu
einer positiven Ausstrahlung führt.

Wenn Eltern auf der Suche nach der Liebe ihrer Kinder das
Wort »Egoismus« benutzen, ist das meist als Vorwurf gemeint. Das
Kind wird diese Botschaft entsprechend auffassen: Du liebst dich
selbst zu sehr, du musst deine Eltern mehr als dich lieben, denn
wenn du noch von ihnen geliebt werden willst, musst du ihnen den
Vorrang vor dir selbst geben. So entwickelt das Kind eine Haltung,
die es dazu treibt, den Anderen und der Umwelt den Vorrang zu
geben, aus Angst davor, als »egoistisch« zu gelten.

Der soziale Aspekt ist bereits weiter oben angesprochen worden.
Er entspringt den verfälschten Werten, die von einer großen Zahl
politischer, religiöser und anderer Organisationen gepredigt werden. Sie schreiben folgende Regel vor: Das Individuum muss sich
in den Dienst der Anderen stellen, also als einfaches Element zur
Errichtung oder Verwirklichung dessen fungieren, was die Gruppe
oder die Gesellschaft zu erreichen wünscht. Was die Gesellschaft
zu verwirklichen wünscht, geschieht im Namen der Gruppe, für
die Gruppe, damit jedes ihrer Mitglieder etwas davon hat. Es ist
offensichtlich, dass der Einzelne so nicht lernen kann, sich zu lieben, und deshalb seine eigenen Wünsche und Gelüste im Namen
des gemeinsamen Interesses verleugnen wird. Diese Art Weltsicht

räumt den Anderen Vorrang vor uns ein, auf unsere Kosten, was – um es mit anderen Worten zu sagen – dazu führt, dass wir uns nicht mehr lieben und nicht mehr respektieren.

Es ist sicher, dass ein Kind seine eigenen Wünsche, Gelüste und Empfindungen nach und nach hintanstellt, wenn es jahrelang mehr oder weniger intensiv eingetrichtert bekommt, dass es zuerst die Anderen zu lieben hat, dass die Gruppe alles und es selbst nur Teil dieser Gruppe ist und dass es vorrangig die Anderen respektieren muss. Wenn der heranwachsende Mensch dann noch Zeit, Raum und Energie hat, dann kann er ja immer noch den Selbstrespekt aufbringen, den er benötigt. Indem er in eine solche Sackgasse gerät, nimmt er die Ansichten der Anderen an. Wer sich so verhält, beginnt, sich zu vergessen und den Menschen zu ignorieren, der er eigentlich ist. Und deswegen hört er auf, sich zu respektieren. Dann wird er Spannungen verspüren und schließlich sogar krank werden, was seine Abhängigkeit von der Umwelt noch vergrößern wird. Und so geht der Teufelskreis immer weiter!

Schon vor Langem haben die Ärzte festgestellt, dass die weiblichen Nachkommen einer Familie alle unter Problemen mit der Gallenblase leiden, was meist damit endet, dass diese bei einem chirurgischen Eingriff entfernt wird. Die Ärzteschaft hat nach einer erblichen Ursache gesucht, diese aber nicht finden können. Erinnern wir uns daran, dass die Gallenblase in der chinesischen Medizin das innere Organ ist, in dem Sorgen und Wut sitzen.

Fragen wir eine junge Frau, die an Blasenproblemen leidet (Sodbrennen, Galle erbrechen), welche Haltung sie angesichts bestimmter Vorkommnisse in ihrem Leben einnimmt. Wir werden es immer mit einer besorgten, »galligen« Person zu tun haben, die so perfekt wie möglich sein möchte und danach trachtet, die beste Mutter, Ehefrau oder Freundin zu sein. Fragen wir diese junge Frau auch, ob ihre Mutter und ihre Großmutter die gleiche Einstellung hatten! Die Antwort wird immer bejahend ausfallen, was bedeutet, dass alle Frauen dem Leben gegenüber die gleiche Haltung eingenommen haben und deshalb unter den gleichen Symptomen litten. Das ist eine Folge der Erziehung, die ein Kind dazu bringt, sich im

Namen der Liebe zu den Anderen zu vergessen und sich das Recht auf eine Existenz in aller Fülle nicht mehr zuzugestehen.

Das Gleiche gilt für Frauen, die an Brustkrebs erkranken – einer Krankheit, die man häufig in einer Familie wiederfindet: Die Patientin, ihre Mutter und ihre Großmutter hatten oder haben einen Knoten in der rechten Brust, denn sie sind alle Rechtshänderinnen. Beobachten Sie einmal die Haltung, die diese Frauen gegenüber ihren Partnern einnehmen, und Sie werden den eigentlichen Grund für ihren Krebs finden! Die Erblichkeit der Chromosomen spielt also keine Rolle, es ist die »anerzogene« Erblichkeit, welche die zentrale Rolle spielt.

Eine weitere Reaktion gegenüber der Erziehung ist ebenfalls verbreitet: die Verweigerungshaltung! Sie führt zu Rebellion, Gewalt oder Flucht. Diese Verweigerungshaltung erklärt die Gewaltbereitschaft bestimmter Jugendlicher, die Hinwendung zu Drogen oder die Begeisterung für irgendwelche Sekten, so paradox das auch erscheinen mag! Diese Menschen werden Hass, soziale Isolierung, Einsamkeit und die Verdammung durch die Gesellschaft besonders stark empfinden! So kommt es bei ihnen zu Spannungen und sie werden schließlich krank.

In beiden Fällen positioniert sich das Kind ausschließlich in Bezug auf die Anderen und ist damit von sich selbst abgelenkt. Sein Körper wird das mit entsprechenden Anzeichen wie Anspannung und Krankheiten kundtun. Jedes Mal, wenn der Mangel an Selbstrespekt ausgelebt wird, reagiert der Körper. Er lässt uns nicht aus Freude leiden, sondern um uns zu warnen, dass mangelnde Selbstliebe keine Lösung ist, ganz im Gegenteil! Allein die Rückbesinnung auf sich selbst, also auf das, was jemand wirklich empfindet, kann ihn heilen und ihm Frieden und Glück bringen.

Jugendliche und Erwachsene sind alle selbst einmal Kinder gewesen! Das erklärt auch, warum es ihnen – je nach ihrer Erziehung – manchmal sehr schwerfällt, sich wieder lieben zu lernen. Darum geht es, um nichts anderes! Wir müssen wieder lernen, dass wir existieren, dass wir sind! Wir müssen wieder entdecken, dass sich in uns ein außergewöhnliches Wesen verbirgt, das kraftvoll ist, fähig zu den schönsten Dingen und fähig, sich selbst wirklich zu lieben. Diese Liebe hat keine Erwartungen an den Anderen, sie ist vollkommen uneigennützig. Dieser Liebe geht es nicht darum, vom Anderen anerkannt zu werden, sondern darum, den Anderen und gleichzeitig sich selbst zu lieben.

Ich pflege meinen Patienten immer zu sagen: »In einer Beziehung sind Sie der Kuchen und der Andere ist die Kirsche!« Das ist das Bild der wahren Liebe. Wie viele Menschen verlangen in einer Beziehung vom Partner, sie um ihrer selbst willen zu lieben? Unglaublich viele Beziehungen zerbrechen an dieser traurigen Wahrheit. Da sie sich nicht selbst lieben, verlangen diese Menschen von ihrem Partner, es an ihrer Stelle zu tun. Das kann ja nicht gut gehen! Die Liebe der Anderen ist eine Illusion, solange wir uns nicht selbst lieben. Alles fängt bei uns selbst an, wozu natürlich auch gehört, dass es in unserer eigenen Verantwortung liegt, glücklich und gesund zu sein, und nicht in der anderer!

Die Wiederentdeckung der Liebe

Zuerst einmal muss man sich bewusst machen, dass die Liebe nichts Abstraktes ist, das außerhalb von uns existiert. Die Liebe existiert in uns, und nur an diesem heiligen Ort werden wir sie finden. Jede Zivilisation besitzt ihre Heldenepen über die Suche nach dem Glück. Die Helden durchstreifen die Welt, trotzen verschiedensten Kreaturen, treffen Götter und schlagen Schlachten, um mit der Gewissheit in die Heimat zurückzukehren, dass das Glück nirgendwo anders als in ihnen selbst wohnt! Diese Gralssuche ist allen Menschen zu eigen, kann uns aber erspart werden, wenn wir bereit sind, uns entgegenzukommen und in uns selbst zu schauen – nicht in unsere Denke, sondern in das, was unsere Existenz ausmacht: den innersten Kern, denn er ist das Ganze und er ist es, der die Liebe enthält.

Bereit zur Beschäftigung mit sich selbst zu sein, ist bereits ein Beweis für Selbstinteresse und Selbstrespekt. Zugeben, dass wir dieses Ganze enthalten, kann man nur, nachdem man versucht hat, sich selbst zu begegnen. Für diese Suche braucht es eine große Portion Demut, obwohl man sich das vielleicht gar nicht denken oder vorstellen kann. Aber wenn Sie entdecken, dass sich dieses Ganze in Ihnen befindet, dürfte es schwer werden, weiter anzunehmen, dass Ihre »Wehwehchen«, Ihre Krankheiten und Ihr Unbehagen einem Faktor geschuldet sind, der außerhalb von Ihnen liegen soll! Es bedeutet auch, dass die gewaltige Kraft, die jeder von uns in sich trägt, uns bei ihrer Entdeckung demütig und viel verständnisvoller werden lässt. Es ist eigenartig, aber diese Entdeckung macht uns menschlicher und toleranter und lässt uns unser Leid und unsere Schrullen eher respektieren, denn in uns keimt ein wirkliches Verständnis für die Ordnung der Dinge. Dieses Tolerieren, dieses tiefe Verständnis im Zusammenhang mit der Liebe ist ein starker Motor, der unser Ich antreibt und uns Taten vollbringen lässt, die wir als »undenkbar« erachten, solange diese Kraft in unserem innersten Kern nicht erkannt und ausgelebt wird.

Diese Kraft wird oft als »Spiritualität« bezeichnet, was in meinen Augen zu restriktiv ist beziehungsweise manche Menschen abstoßen könnte, denn seine Spiritualität zu leben mag wie eine schwierige Übung aussehen. Außerdem sind viele Menschen überzeugt, dass dieser Ansatz vergleichbar ist mit Beten, tiefer Meditation und Ekstase. Doch das ist es nicht. Spiritualität ist etwas anderes. Die Spiritualität ist Teil des Kerns; sie ist eine Kraft, die zu innerem Frieden und zum Ganzen führt. Man kann sie ausleben: in der Musik, der Kunst, der Natur und der Liebe zu dem, was uns umgibt. Sie ist verantwortlich dafür, dass wir existieren. Wir alle haben etwas Spirituelles in uns, das wir mehr oder weniger bewusst ausschöpfen. Spiritualität ist kein heiliges Amt, dem wir unsere ganze Zeit opfern müssen. Doch die Entwicklung dieser Spiritualität ist ein nötiger und wichtiger Schritt, um Wohlsein und Ausgeglichenheit zu erlangen.

Es scheint mir wichtig zu sein, an dieser Stelle den gewaltigen Unterschied zu verdeutlichen, der zwischen dem spirituellen und dem psychoanalytischen Ansatz besteht.

Eines der Ziele eines spirituellen Lebens besteht darin, frühere Neigungen aufzulösen, indem man sie an den Wurzeln packt, um die innere Freiheit wiederzufinden. Diese vergangenen Neigungen repräsentieren ganz schematisch, was Freud als das Unbewusste definiert hat, also psychische Gebilde, Triebe und verdrängte Erinnerungen, die weiterhin einen Einfluss auf die Psyche haben und dadurch auch auf das alltägliche Verhalten. Laut Freud stellt die Psychoanalyse die einzig gültige Technik dar, um sich von ihnen zu befreien.

Die Tatsache, dass wir unsere vergangenen Probleme zur Kenntnis nehmen, kann nicht ausreichen. Sie noch einmal zu durchleben kann nur eine begrenzte Hilfe darstellen, um bestimmte Blockaden zu verringern (und das auch nur für sehr kurze Zeit). Doch die Ursachen werden dadurch nicht beseitigt. Wasser wurde noch nie dadurch gereinigt, dass man den Schlamm mit einem Stock aufwühlt! Das große Problem der Psychoanalyse besteht darin, dass diese Wissenschaft die wahren Ursachen eines Problems, die immer mit dem »*Ego*« verbunden sind, nicht ermittelt. Diese Verbundenheit mit dem Ego konditioniert den Menschen und führt dazu, dass er sich zu sich selbst hingezogen fühlt, von sich abgestoßen ist oder sich sogar vergöttert. Dieses *Ego* ist nicht unser innerster Kern, sondern nur ein schwacher Abglanz desselben: Das Ego ist es, dass sich an anderen und Dingen orientiert. Wenn man die Verbundenheit mit dem Ego (durch Meditation und Spiritualität) zerstört, verschwindet auch die eigentliche Ursache, sie verpufft.

Die Psychoanalyse ist ihrerseits eine beschreibende Annäherung an den leidenden Menschen. Der Patient beschreibt seine Probleme detailliert und erforscht sie auf die gleiche Art, wie ein Hautarzt eine Hautverletzung beschreibt. Er wird anschließend dazu angehalten, in sich (das heißt in seiner Denke!) nach den (gedanklichen!) Assoziationen zu suchen, die ihm in den Sinn kommen, oder die Personen zu benennen, mit denen er seine Probleme in Verbindung bringt: die Eltern, die Lehrer, die Kollegen, die Freunde usw.

Der denkende Teil unseres Ichs ist der »erzogene« Teil, und es liegt klar auf der Hand, dass dieser Teil von uns Bezug nimmt auf diejenigen, die uns – wie auch immer – erzogen haben. Letztere sollen dann »verantwortlich« sein für das Leiden des Betroffenen, was der Patient auch sicher jedem sagen wird, der es hören will. Dieses Geständnis kann zu einer gewissen Erleichterung führen. Aber diese Erleichterung ist nur vorübergehend, denn der Patient weiß im Grunde, dass es noch eine andere Wahrheit gibt. Es wird also nur teilweise Fortschritte geben, die rein gedanklich sind, doch inneren Frieden findet man so nicht. Allenfalls stellt sich ein unechter, gedanklicher Frieden ein, der nicht von Dauer ist. Dann geht die Behandlung weiter und der Psychiatrie gehen die Patienten nicht aus!

Es stimmt, dass sich manche Richtungen in der Psychoanalyse von diesem schrecklich verkopften und intellektuellen Ansatz distanzieren und den Schwerpunkt auf die Emotionen legen, doch ist dies ein Stückwerk, das oberflächlich und folglich grässlich ineffizient ist! Man könnte diesen Ansatz mit einem Mann vergleichen, der sich scheiden lässt, ohne sich im Mindesten infrage zu stellen, da er seiner Frau die alleinige Schuld gibt. Diese höchst oberflächliche Analyse reicht ihm: Die für das Scheitern der Ehe Verantwortliche ist gefunden. Es reicht also, den Partner zu wechseln, und alles ist in Ordnung. Es ist so gut wie sicher, dass dieser Mann eine weitere Scheidung erleben wird.

Den Anderen die Schuld für ein persönliches Scheitern zu geben, hat noch nie weitergeholfen, und man fühlt sich dann auch nicht besser. Wir haben gesehen, dass ein »Scheitern« dazu genutzt werden kann und muss, in seinem Innersten zu verstehen, was man falsch gemacht hat. Und das nicht in Bezug auf andere, sondern in Bezug auf unsere Emotionen. Kein Mensch auf der Welt kann uns verbieten, unsere Emotionen auszuleben! Anderen die Schuld zu geben ist leicht. Das führt aber nicht zu einem verbesserten Wohlergehen, sondern im Gegenteil zu noch mehr Verbitterung und Groll. Und Groll ist nichts anderes als nach innen gerichtete Wut!

Wie man seinen innersten Kern wiederfindet

Alle Entspannungstechniken, die auf der Atmung basieren, sind nützlich, wie wir bereits gezeigt haben. Stille und Meditation sind andere Mittel, um sich selbst näherzukommen.

Es gibt noch viele andere Ansätze, welche diese Techniken ergänzen könnten, aber sie sind nicht das Thema dieses Buches. Alle sind gut und können eine sinnvolle Ergänzung sein, doch man sollte nicht zum Touristen in Sachen Meditation und Ganzheitlichkeit werden! Man trifft nämlich immer häufiger auf Menschen, die alles ausprobiert, gemacht und verstanden haben, denen es aber in Wahrheit keinen Deut besser geht! Solche Menschen haben ein enormes theoretisches Wissen angehäuft, aber nichts wirklich gelebt. Sie meinen, alles zu kennen, rühmen sich und »lernen« weiter, entweder mithilfe von Büchern oder beim Besuch von Kursen. Doch sie täuschen sich oder werden von »Therapeuten« getäuscht, die den gleichen, sterilen Weg wählen: mit Diplomen behängte Menschen, die mit ihren »Kenntnissen« rein gar nichts anzufangen wissen.

Dabei ist es ganz leicht, sich selbst zu begegnen. Man muss es sich zuerst einmal wirklich wünschen und dann verschiedene Techniken ausprobieren, um diejenige zu finden, die am besten zu uns passt. Es ist gleichgültig, ob man einen oder mehrere Versuche unternimmt, Hauptsache, unsere Empfindungen und unsere Intuition sind bei unserer Wahl beteiligt. Was empfinde ich, wenn ich eine bestimmte Technik anwende? Ist die Wirkung positiv, dann Volldampf voraus! Im gegenteiligen Fall hören sie auf und wählen Sie einen anderen Ansatz. Vielleicht können Sie eines Tages wieder zu der gerade ausprobierten Technik zurückkehren. Eventuell war diese einfach nicht die richtige für diesen Augenblick in Ihrem Leben.

Es gibt viele verschiedene Techniken, um Ihren innersten Kern wiederzufinden. Doch es scheint mir wichtig, einige grundlegende Regeln zu beachten. Diese Techniken müssen den **Empfindungen** absoluten Vorrang einräumen, also die Emotionen priorisieren, den gedanklichen Austausch und die Diskussion aber zurückstellen. Außerdem ist es wichtig, dass der Körper in irgendeiner Form berührt wird, denn er wird allzu häufig von all jenen vergessen und außer Acht gelassen, die nicht oder nicht mehr in Kontakt mit sich selbst sind. Unser Körper trägt Schwingungen und emotionale Erinnerungen in sich, und mithilfe einer geeigneten Technik der **Berührung** kommen diese wieder an die Oberfläche, um dann auf der emotionalen Ebene ausgelebt zu werden. Dieser Punkt ist ganz wesentlich, denn ohne ihn wird jede Arbeit zu intellektuell und zu steril ausfallen.

Abgesehen von der vorrangigen Bedeutung der Empfindungen und der Berührungen sollte man seine **Emotionen zum Ausdruck bringen** können, denn hier gilt: ohne Emotionen keine Heilung! Seine Emotionen kann man auf unterschiedliche Art zeigen, und das muss während der Therapie jederzeit möglich sein. Darin sollte übrigens auch das Ziel der Therapie bestehen! Seine Emotionen während oder nach einer Therapiestunde auszuleben, hat absoluten Vorrang: Ängste und Wut müssen zum Ausdruck kommen, genau wie das empfundene Wohlergehen. Letzteres wird uns durch die Energie vermittelt, die erneut in unserem Körper zirkuliert, doch auch durch die Befreiung unserer nicht gelebten Emotionen.

Was gerade über die Technik gesagt wurde, gilt in gleichem Maße für den Therapeuten, der sie anbietet. Wenn er Ihnen nicht gefällt, verzichten Sie, aus welchem Beweggrund auch immer. Sie müssen sich selbst voller Zuversicht näherkommen können; dabei müssen Sie von jemandem begleitet werden, der stark und aufrichtig ist und keinerlei Macht über Sie ausüben möchte.

Dieser Machtbegriff ist bei der Wahl der Technik und des Therapeuten ganz wichtig. Ein echter Therapeut ist nämlich ein Mensch, der keine Macht über Sie hat; er ist nur die Verbindung zwischen Ihnen und Ihrem Kern. Sie können mit diesem Menschen nur teilen, was Sie in Ihrem tiefsten Inneren beschlossen haben, mit ihm zu teilen. Das geschieht natürlich unbewusst. Doch manche Menschen, die sich als gute Therapeuten ausgeben, setzen in Wahrheit auf Macht, Herablassung und Intoleranz. Das sind keine echten Therapeuten, und sie können Ihnen mehr schaden als nutzen. Ergreifen Sie vor jedem Therapeuten die Flucht, der Ihnen erklärt, er werde Ihnen guttun. Entweder hat er sich schlecht ausgedrückt oder er drückt aus, was er zu sein meint: ein Mensch, der in der Lage ist, Sie zu behandeln und zu heilen... an Ihrer Stelle. Dieser Mensch täuscht sich, und er täuscht Sie! Niemand anderer als Sie selbst kann Sie heilen und behandeln. Sie sind der Einzige, der das tun kann. Ein Therapeut kann Ihnen auf diesem Weg nur behilflich sein, mehr nicht. Jemandem dabei helfen, geheilt zu werden, ist eine wundervolle Aufgabe, zu der es großer Liebe bedarf, und ohne diese Liebe ist ein Therapeut nichts! Er übt einen Beruf aus, ist aber nicht Therapeut. Das gilt für jeden, der medizinisch, alternativmedizinisch oder ganzheitlich tätig ist (also eine globale Erklärung versucht).

Sobald der Therapeut und die Therapieart einmal gefunden sind, muss man nur noch bereit sein, die Emotionen auszuleben, die auftauchen. Das mag in manchen Momenten schmerzlich und schwer sein, aber in vielen anderen Momenten wird es auch eine Befreiung und eine große Freude sein. Sich selbst wiederzufinden macht bescheiden, wie wir gesehen haben, doch es braucht dazu auch eine geballte Portion Liebe.

Ich verwende häufig das Bild des Kindes, welches gerade laufen lernt: Es fällt hin, und es weint. Wenn wir bei ihm sind, werden wir es sofort hochheben, es tröstend in die Arme nehmen, ihm sagen, dass das Hinfallen nicht schlimm war und es sicher bald laufen kann. Das Gleiche mit sich selbst zu machen ist ein erster Liebesbeweis, den wir uns gewähren müssen, um auf dem Weg zum Treffen mit unserer Nicht-Denke voranzukommen. Das Gegenteil zu tun, würde die getane Arbeit vielleicht zunichte machen und wäre ein weiterer Beweis für mangelnde Liebe und mangelnden Respekt gegenüber sich selbst. Fehltritte sind erlaubt, aber wie bei dem Kleinkind, dem wir mit unserer Liebe und unserer Unterstützung helfen, müssen wir mit dem Begonnenen fortfahren und uns anspornen, weiter voranzugehen, um aus den Fehltritten zu lernen.

Dieser Annäherungsprozess kann sehr unterschiedlich ausfallen, und niemand kann vorhersagen, wie lange er dauern wird, denn das hängt von Ihnen ab und von der Tiefe Ihres Unbehagens. Die ist ja von außen nicht immer leicht zu ermessen und noch weniger von innen. Manchmal können auch Pausen nötig werden, oder intensivere Momente. Die Regel besagt nur, dass Sie all das im Hier und Jetzt ausleben, dass Sie zulassen zu empfinden, was Sie wollen, und nicht, was Sie meinen, sein zu müssen. Da das Hier und Jetzt der einzige Zeitpunkt ist, an dem Sie etwas »wissen«, werden Sie auch zu diesem Zeitpunkt spüren, ob Sie eine Pause brauchen oder nicht. Ihr Therapeut kann Ihnen helfen zu empfinden, aber auch hier darf er Ihnen nicht seinen Standpunkt aufzwingen. Er wird Ihnen helfen, die Antwort zu finden, aber er kann nicht an Ihrer Stelle antworten. Sie allein haben das Wissen, denn Sie allein haben Kenntnis davon.

Wenn Sie dachten, die Arbeit sei getan, lassen Sie sich auch dann nicht entmutigen, wenn Sie hinter dem Baum einen ganzen Wald entdecken und mit Ihrer Therapie weitermachen oder auf einen anderen Therapieansatz zurückgreifen müssen, der besser zu dem passt, was Sie gerade erleben. Was Sie bisher unternommen haben, ist dennoch nicht zum Scheitern verurteilt. Es war bereits ein erster Schritt (und zwar ein gewaltiger!) auf Ihrem Weg zu neuem Wohlergehen. Erinnern Sie sich an das Kind, das versucht zu laufen. Schreiten Sie fort, um zu einer besseren Kenntnis Ihrer selbst zu gelangen. Verurteilen Sie sich nicht, im Gegenteil, lernen Sie, sich zu lieben! Die Toleranz ist Teil dieser Liebe.

Je größer die Liebe zu und der Respekt vor sich selbst wird, desto größer wird auch die Liebe zu anderen und zur Umwelt. Das Gegenteil ist nicht wahr! Dieser Übergang zur Selbstliebe ist ganz wesentlich, um die Folge zu erfassen und zu entdecken, dass wir die Liebe zur Welt in uns tragen. Diese Liebe ist tief, real und vollkommen uneigennützig: Sie ist! Sie existiert im Hier und Jetzt, im Moment des Bewusstseins, während Vergangenheit und Zukunft aus der Vorstellung kommen. Allein die Gegenwart ist real und ewig, genau wie die Liebe!

Kapitel 7
Harmonie

Bei guter Gesundheit zu sein bedeutet, in Harmonie mit sich selbst zu leben und mit dem innersten Kern tief in unserem Ich verbunden zu sein. Dieses Zentrum strahlt auf jedem Niveau unseres Ichs Liebe aus, es ist in ständigem Kontakt mit den äußeren Kräften und es existiert ausschließlich im Hier und Jetzt. Unsere eigentlichen Qualitäten sind uns von Geburt an gegeben und warten nur darauf, genutzt zu werden, damit wir erkennen, zu was wir auf dieser Welt sind. Jeder hat eine Aufgabe, die ihm zugeteilt wurde, jeder hat einen bestimmten Weg zu gehen, und nur der innerste Kern weiß darum. Unser Gehirn ist nur ein Werkzeug im Dienst der Anti-Denke, genau wie unsere Arme und Beine. Es hilft einfach nur dabei, den Weg zu ebnen, auf dem unser innerster Kern uns führt. Harmonie, Ausgeglichenheit, Ruhe, Freude und schließlich auch die Gesundheit sind die Zeugen, die Wegweiser, die uns zeigen, dass wir auf der richtigen Spur sind. Bei guter Gesundheit zu sein ist der Beweis dafür, dass wir im Einklang mit uns selbst sind, dass wir uns lieben und entsprechend Liebe ausstrahlen.

Gesund zu sterben bedeutet einfach nur, dass man auf diesem Weg weitergeht und die Metamorphose des Todes erlebt. Wenn wir uns zugestehen, im Hier und Jetzt zu leben, ist der Tod nur noch ein Übergang und macht niemandem mehr Angst. Er ist nur ein weiterer Abschnitt, ein weiterer Moment im Hier und Jetzt, und kann völlig harmonisch erlebt werden, in Liebe zu sich selbst und zu den Anderen. Er ist oft die Befreiung von der Last materieller Zwänge, die größte Loslösung, in gewisser Weise die Freiheit!

Der Tod erschreckt viele Menschen, denn er steht für Unsicherheit. Die Suche nach Sicherheit ist viel zu häufig das Ziel, an dem wir uns unser ganzes Leben festmachen. Doch dieses Ziel ist eine Illusion, da Sicherheit selbst illusorisch und flüchtig ist. Wie viele Menschen, die es zur ach so herbeigesehnten materiellen Sicherheit gebracht haben, sind wirklich glücklich und zufrieden? Viele sind nach wie vor unglücklich, angespannt, depressiv. Diese Suche hängt damit zusammen, dass wir am Bekannten kleben, und das Bekannte ist nicht Öffnung, sondern Abschottung. »Das Bekannte ist nichts weiter als das Gefängnis der vorangegangenen Konditionierung. Darin liegt keine Evolution. Und wenn keine Evolution möglich ist, herrschen Stagnation, Entropie, Unordnung und Verfall.«[8]

Die Angst vor dem Tod erwächst aus dem Konflikt zwischen der Denke, die sich auf die Leere und die Vorstellungskraft stützt, und dem innersten Kern, der das Hier und Jetzt lebt und weiß, dass er die Fähigkeit besitzt, mit jeder Situation fertig zu werden und sich selbst und der Umwelt dabei treu zu bleiben. Wenn man ihn im Hier und Jetzt erlebt, wird der Tod zu etwas ganz anderem: einer weiteren Etappe, einer Umwandlung, einem harmonischen Übergang, bei dem wir all die Liebe entfalten können, die wir in uns tragen. Der Tod ist ganz einfach die Fortsetzung dessen, was wir gelebt haben; und was haben wir gelebt, wenn nicht eine Abfolge von Momenten im Hier und Jetzt? Der Tod ist nur ein weiterer dieser Momente!

Auffällig ist, inwieweit die Menschen so sterben, wie sie gelebt haben. Während ein fröhlicher Greis mit spektakulär faltigen

Gesichtszügen, erfüllt von tiefer Altersweisheit, ganz ruhig dahin-
scheidet, ohne Schmerzen und ohne Furcht, stirbt ein alter Gries-
gram, der Kinder hasste, nach langem Todeskampf. Diese Beispiele
bilden natürlich keine Regel, denn man kann jederzeit zu Harmonie gelangen und sie ausleben. Aber häufig stirbt der Mensch so,
wie er gelebt hat.

Gesund zu leben und zu sterben gehören zusammen, denn unser innerster Kern verschwindet nicht. Er ist weiterhin da, aber unter anderer Form. Er vereinigt sich wieder mit dem Ganzen, dessen
Teil er war und immer sein wird! Dieses Ganze, das ist die Liebe,
die über sich hinauswächst, die heilt und die alle Menschen auf
der ganzen Welt beseelt. Es wäre an der Zeit, dieser Liebe ihren
wahren Platz einzuräumen, den Rang, der ihr zukommt! Das ist
nicht utopisch, und dazu muss auch nicht die ganze Welt umge-
krempelt werden. Schließlich ist diese Liebe in uns, und zwar von
Geburt an. Es reicht, das zu wissen und zu akzeptieren und sich auf
die Suche zu machen nach dieser Liebe. Sie ist da, sie möchte von
uns in Anspruch genommen werden, damit sie in uns erstrahlen
kann. Diese kraft- und machtvolle Liebe sendet ihre Strahlen aus
und wird auch von den Anderen wahrgenommen werden. Die Welt
wird sich sehr viel besser fühlen, nachdem sie von innen heraus
verändert wurde, und das mit Hilfe der Frauen und Männer, die in
einer harmonischen Umwelt leben möchten, welche so ist wie sie!

Anmerkungen

1 Brennan, Barbara Ann: Licht-Heilung. Goldmann, München 1994

2 Thondup, Tulku: Die heilende Kraft des Geistes. Knaur, München 1997, S. 213

3 Besson, Philippe Gaston: Dynamisch leben durch Säure-Basen-Gleichgewicht. Natura Viva, Weil der Stadt 1997

4 Paracelsus: Astronomia magna oder die ganze Philosophia sagax der großen und kleinen Welt (XII), in: von Sudhoff, Karl (Hrsg.): Paracelsus Sämtliche Werke. Oldenbourg, München 1929, 92

5 Qusar, Namgyal und Sergent, Jean-Claude: Tibetische Medizin und Ernährung. Droemer-Knaur, München 1997

6 Chesnais, Elisabeth: »Des pesticides au robinet!«, Que choisir, Nr. 341 (September 1997), S. 14 –17

7 Ançari, Pir K.: La psychologie spirituelle ou l'alchimie intérieure. Coll. »4e voie«, Béning-lès-Saint-Avold, Editions de la Lumière, 1996

8 Chopra, Deepak: Die sieben geistigen Gesetze des Erfolgs. Ullstein, Berlin 2004, S. 111

Zum Autor

Dr. med. Daniel Dufour (geb. 1951) wirkte nach seinem Medizinstudium in Genf unter anderem als Chirurg in Entwicklungsländern und als Abgesandter und Koordinator für das Internationale Rote Kreuz in Kriegsgebieten. Seit 1988 leitet er die Vitamed-Klinik in Genf und vertritt in der Praxis einen ganzheitlichen Ansatz, demzufolge nicht die Symptome, sondern die tieferen Ursachen einer Krankheit behandelt werden. Dr. Dufour entwickelte 1997 die »OGE«-Methode und tritt als Ausbilder und Referent bei OGE-Seminaren in Europa und Kanada auf.

Haben Sie Fragen an Dr. Daniel Dufour?
Anregungen zum Buch?
Erfahrungen, die Sie mit anderen teilen möchten?

Nutzen Sie unser Internetforum:
www.mankau-verlag.de/forum

Weitere Bücher des Autors

Das verlassene Kind
Gefühlsverletzungen aus der Kindheit
erkennen und heilen
(Titel des frz. Originals: »La blessure
d'abandon«)

Mankau Verlag, 3. Aufl. 2013
14,95 € (D) / 15,40 € (A)
15,1 x 23,5 cm, 163 Seiten
ISBN 978-3-86374-047-4

Viele Menschen haben Angst davor, sich irgendwann allein wiederzufinden – im Stich gelassen von ihren Lebenspartnern, ihrer Familie, ihren Freunden. Sie tun sich schwer, Bindungen aufzubauen, torpedieren bestehende Beziehungen und zeigen oftmals Symptome wie Beklemmungen, Panikattacken, körperliche Beschwerden, Alkoholprobleme usw.

In zahlreichen Fällen steht die übermächtige Angst vor dem Verlassenwerden in Zusammenhang mit frühkindlichen Erfahrungen: Oft wurde eine Person als Kind oder sogar schon als Säugling »verlassen«, fühlte sich im Stich gelassen, vernachlässigt, nicht geliebt – und in der Folge auch gar nicht mehr wert, geliebt zu werden.

Sich von solch tief sitzenden Wunden zu erholen, braucht Zeit und Hilfe. Daniel Dufour praktiziert die Abkehr vom EGO und seinen Zwängen und kehrt dazu das EGO um: So ist die »OGE«-Methode entstanden, die Betroffenen hilft, ihre unterdrückten Gefühle zu erkennen und auszuloten, sich mit dem inneren Selbst vertraut zu machen und körperlich wie mental zu heilen.

Mit Leben erfüllt wird diese Methode durch differenzierte Fallbeispiele, die für interessierte Laien und sogar Therapeuten ganz neue Denkansätze bieten.

OGE-Seminare und Kurse

Hat Ihnen dieses Buch gefallen?
Möchten Sie einen Schritt weitergehen?

Sie haben die Möglichkeit, Herrn Dr. Dufours Empfehlungen in die Praxis umzusetzen. Zu diesem Zweck bietet er Seminare und Kurse an, in denen nach der OGE-Methode gearbeitet wird.

Im November 2012 hat Dr. Dufour eine deutschsprachige Kontaktstelle eingerichtet. Mehr Informationen zu seiner Arbeit, der OGE-Methode und seinen Seminaren können erfragt werden unter:

Tel. +41 (0)79 7 88 46 82
E-Mail: info.de@oge.biz

Zur Internetseite mit deutschsprachigen Informationen:
http://www.oge.biz/

Haben Sie Fragen an Dr. Daniel Dufour?
Anregungen zum Buch?
Erfahrungen, die Sie mit anderen teilen möchten?

Nutzen Sie unser Internetforum:
www.mankau-verlag.de/forum

Andreas Winter

Liebe, Sex und Partnerschaft

Warum Erfüllung so einfach sein kann!
Mit Starthilfe-CD!

ISBN 978-3-938396-16-2

„Mit Humor und langjähriger Praxiserfahrung aus der
Partnerschaftsberatung gibt er hilfreiche Hinweise, damit
die ‚Liebessaat' aufgeht und der ideale Partner gefunden
werden kann."
Prisma

Andreas Winter

Heilen durch Erkenntnis

Die Intelligenz des Unterbewusstseins
Sich selbst und andere heilen
Mit Audio-CD!

ISBN 978-3-938396-68-1

„Heilung durch Erkenntnis hat so viele Schätze, die nur
darauf warten, den Leser zu erreichen. Allein die zehn
Fragen, die das Leben verändern, bringen dich so zu dir
selbst, dass du gar nicht mehr vor dir selbst weglaufen
kannst. (...) Dieses Buch hat mir persönlich wieder ein
großes Stück von mir selbst offenbart und deshalb
möchte ich es von Herzen all denen empfehlen, die sich
selber und ihre Heilung finden möchten."
Connection Spirit

Andreas Winter

Heilen ohne Medikamente

Wie chronische Krankheiten ganz einfach
wieder verschwinden!
Mit Starthilfe-CD!

ISBN 978-3-938396-11-7

„Der neue, schnell wirkende Ansatz des Diplom-
Pädagogen und Tiefenpsychologen hat sich bereits bei
Tausenden Menschen bewährt (...)."
news age

Doris Kirch
Anti-Stress-Box

Entspannen und meditieren
Anleitungen und Übungen für jede Lebenslage

5 Audio-CDs

ISBN 978-3-938396-40-7

„Kurz gesagt, alles, was für Ihre tägliche Entspannung und Regeneration gut ist."
Clivia

Detlef Rathmer
7 Wege zu Dir selbst

Lebenskunst für den Alltag

ISBN 978-3-938396-23-0

„Ein inspirierendes Buch, das sich als Wegbegleiter in den unterschiedlichsten Lebenslagen bewährt."
büchermenschen

„Das Buch versteht sich daher als Wegbegleiter und guter Freund (…). Es beschreibt sieben einfache, aber effektive Wege nach innen (…)."
Prisma Südbayern

Curt Fredriksson
Die Ermächtigung

Expedition zum Glück

ISBN 978-3-938396-05-6

„Dieses Buch fordert heraus! (...) Beachtlich!"
Heidi Schirner, Schirner Magazin

„(...) ein Buch, das seinesgleichen sucht. Obwohl ich schon sehr viel spirituelle Literatur gelesen habe und glaubte, dass mich nichts mehr überraschen könnte, hat mich diese Geschichte fasziniert, berührt und mir sehr gut getan."
Lutz Tolksdorf, NLG Buchservice